# EINSTEIN

*por ele mesmo*

# AMIGO LEITOR

Você, que já encontrou nesta coleção o retrato da vida e da obra de tantos personagens marcantes da nossa história, saiba que os próximos nomes enfocados podem identificar-se ainda mais com seus interesses. Escreva-nos enviando sugestões de títulos, como também comentários a respeito daqueles já publicados, uma vez que nossa preocupação constante é oferecer a você uma leitura agradável e enriquecedora.

Todas as cartas recebidas pela editora serão respondidas com o envio de uma "cortesia" especial. Não deixe de nos escrever.

# EINSTEIN

## *por ele mesmo*

EDIÇÃO **ILUSTRADA**

MARTIN CLARET

Coleção

# O AUTOR POR ELE MESMO

**MANVILLE AVALON**, *pesquisador e organizador deste livro, 40 anos, gaúcho de Porto Alegre, é jornalista e ativista ecológico. Atualmente reside em São Paulo, onde desenvolve pesquisa política para importante entidade educacional.*

**AGRADECIMENTO**, *agradecemos às pessoas físicas e jurídicas – pesquisadores, jornalistas, escritores, editores e diretores de empresas e de TVs – o apoio direto ou indireto que ofereceram à realização deste livro-antologia. Sem a solidariedade profissional e humana dessas pessoas este projeto editorial não teria sido possível. A todos, nosso muito obrigado.*



PROJETO GRÁFICO
J. C. Bruno

CAPA
*Criação*
José Duarte Teixeira de Castro
*Fotolitos*
Marprint

MIOLO
*Copy desk*
Cristina Miranda Bekesas
*Revisão*
Rita de Cássia dos S. Silva e
Eliana M. A. Martins

*Digitação*
Marilene Caetano Raimundo
*Editoração Eletrônica*
Assimétrica Comunicação e etc.
Wilson Bekesas
*Direção de Arte*
José Duarte Teixeira de Castro
*Fotolitos das Fotos*
Marprint
*Fotolitos em Editoração Eletrônica*
Graphic Express
*Papel*
Off-set
*Impressão e Acabamento*
PROL

*Martin Claret Editores Ltda* – Rua Alegrete, 62 - Sumaré - C.P. 9897
CEP 01254 - Tel.: 262-8144 - Fax:263-7146 - São Paulo- SP



Impresso no verão de 1992 - São Paulo - Brasil

# EINSTEIN
## ÍNDICE


***PREFÁCIO DOS EDITORES*** 7
O propósito da coleção O Autor Por Ele Mesmo

***UM ESTUDO*** 11
A Teoria da Relatividade

***PERFIL BIOGRÁFICO*** 53
A Vida do Grande Cientista

***POR ELE MESMO*** 73
Como Vejo o Mundo

***POR OUTROS*** 105
Albert Einstein: o Homem

***CURIOSIDADES*** 159
A Visita ao Rio de Janeiro

***BIBLIOGRAFIA*** 175

# PREFÁCIO
## DOS EDITORES

# O PROPÓSITO DA COLEÇÃO
# O AUTOR POR ELE MESMO

**Martin Claret**

*Estudos da História moderna têm revelado que somos uma civilização construída sobre os fundamentos da escrita. O Homem, no seu aspecto histórico-cultural, tem sido, grandemente, um produto do livro.*

*Um recente relatório da UNESCO, sobre o hábito da leitura no mundo, conclui que nenhum outro processo de comunicação – inclusive o eletrônico – é instrumento mais adequado de treino mental e fortalecimento do poder da imaginação do que o contato humano com o material impresso de boa qualidade: o livro.*

*Educadores e cientistas sociais têm constatado que, ao lado da informação de massa, vem se desenvolvendo a "moderna sociedade instruída" – uma sociedade que não só garante a todos uma instrução básica, mas também se preocupa com o ensino dos adultos.*

*No mundo de hoje e no de amanhã, jamais deixaremos de ser alunos. O educador moderno está aperfeiçoando esse ideal de educação permanente, em jovens e adultos. Neste contexto educacional, o livro é o instrumento fundamental.*

*Aqui, ousamos futurar, com*

*o mestre Antônio Houaiss, fazendo nossas as palavras que ele escreveu para o magnífico prefácio de* A Construção do livro, *de autoria de Emanuel Araújo: "(...) o livro, materialmente, na sua feição mais requintada ou mais generalizada presentes – folhas de papel impresso, alçadas, coligadas e vestidas numa unidade normalmente portátil (mesmo que a duas mãos) –, esse livro pode desaparecer: mas não desaparecerão, com sua fisicidade, as suas mensagens e seus códigos(...) O computador que equivaler à soma de todos os livros será um servo daqueles dialetos – da linguagem oral, que é sobretudo resultado dialético da linguagem escrita (...)*

*O 'Livro' poderá, assim, para certos fins, apresentar-se sob outra técnica física. Mas, enquanto perdurar o rigor da leitura a sós, o enlevo da leitura a sós, a emoção do manuseio sensual das páginas, enquanto isso perdurar, teremos os livros-livros, esses que estão aí tão incorporados à nossa maneira de sermos humanos (tanto assim que, onde ele não é isso, aí impera o atraso, a sotoposição, a exploração)."*

*Também Jorge Luís Borges, o poderoso escritor argentino – ele amava os livros, infinitamente –, conceituou, com incrível lucidez e alcance universal, a importância do livro. Eis o seu pensamento: "Dos muitos instrumentos inventados pelo homem, nenhum pode comparar-se nem de longe ao livro, porque os outros instrumentos são extensões, são mecanismo desse outro mecanismo que é o nosso corpo... Em troca, o livro é uma extensão da memória e da imaginação."*

*Sim, o livro – esse fundador de civilizações – continuará a influenciar, com dinânico impacto, o infinito universo de nossas possibilidades.*

*Nós, que existimos e nos movemos no mundo dos livros; nós, que criadoramente amamos o livro em todas as suas formas e tecnologias, acreditamos, substantivamente, na função do livro.*

*A criação e a publicação desta coleção –* O Autor por Ele Mesmo *– são o resultado final de uma pesquisa de campo, onde se detectou um perfil de leitor: o jovem, com um projeto de vida, desejoso de saber mais e consciente da necessidade de atualizar o seu potencial.*

*Ela vem para atender a uma necessidade cultural e de mercado.*

*O volume inaugural da coleção é* Chaplin por Ele Mesmo, *o imortal gênio do cinema. A seguir, com periodicidade mensal, serão antologiados outros personagens (ver 4ª capa), cujas idéias, revolucionárias pelo conteúdo e pela expressão, fizeram do mundo o que ele é atualmente.*

*A coleção* O Autor por Ele Mesmo *não é uma simples série de fascículos, de seqüência obrigatória. É uma biblioteca permanente de livros independentes. Dinamicamente ilustrado – cada volume, com 160 páginas –, foi diagramado para oferecer uma leitura fácil e agradável.*

*É um moderno e informativo estudo de antologia, destinado principalmente à juventude.*

*Os doze primeiros personagens foram selecionados pela nossa coordenação editorial, mas a coleção é uma proposta aberta e aceita permanentemente sugestões editoriais e de títulos. O limite quantitativo da coleção será determinado pelos próprios leitores.*

*Nosso projeto editorial é oferecer um livro de massa. O livro ciberneticamente construído, o livro-clipping, cujas características sejam: custo barato, "livro para ler", encontrável em "qualquer parte" e elaborado dentro da nossa realidade cultural e sócio-econômica. Nosso modelo para inovar foi copiar o processo criador da própria Natureza – "fazer o novo a partir do velho".*

*Acreditamos lobatianamente ("um país se faz com homens e com livros") que a leitura de textos fundamentais dos grandes personagens da Humanidade é benéfica, instrutiva e motivadora em si, com força capaz de complementar convenientemente a formação da mentalidade das gerações presentes e futuras, despertando potencialidades e vocações.*

*Participe, positivamente.*

*Você nunca é o mesmo depois de ler um livro.*

*Livro muda as pessoas.*

*Livro muda o mundo.*

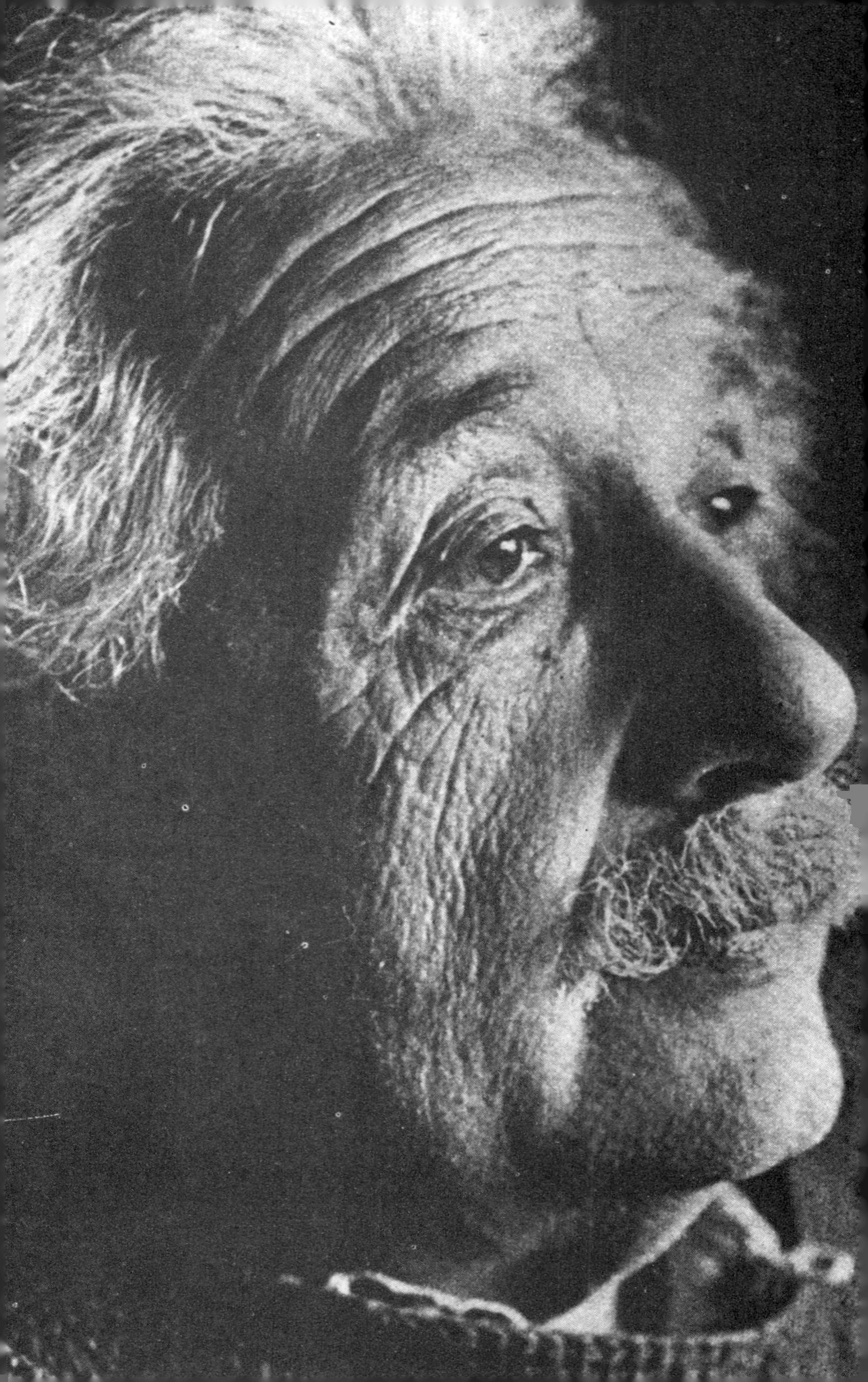

# EINSTEIN
## UM ESTUDO

# A Teoria da Relatividade

**Ernest B. Trattner**

Entre as cidades, pouco numerosas, que têm ligação íntima com as vidas de grandes criadores de teorias, Munique corre paralela com Londres e Paris. Ali viveu o conde Rumford durante mais de uma década e, depois dele, Max Joseph von Pettenkofer passou toda a sua existência na capital bávara, onde lançou as bases da higiene. Muitas estátuas gloriosas lhe adornam as ruas e parques — monumentos a Goethe, o poeta, a Wagner, o músico, a Liebig, o químico. Entre elas, há uma de Rumford e outra de Pettenkofer — mas nenhuma de Einstein.

Todavia, Einstein passou a sua mocidade em Munique. Nasceu em Ulm, no Wurtemberg, às margens do Danúbio, a 24 de maio de 1879. Desde a infância respirava uma atmosfera científica, pois seu pai, posto fosse comerciante, tinha grande inclinação pela mecânica. Em 1880, poucos meses depois de nascer Albert, Herr Einstein tornou-se co-proprietário de uma oficina eletrotécnica em Munique, para onde se transferiu com sua esposa Pauline e a criança.

Como rapaz, em Munique,

Einstein não revelou nenhuma precocidade digna de nota. Era cismador, sensível, tímido, desasado até nas idéias — numa palavra, em nada sobressaía da vulgaridade. Não dava sinais exteriores do gênio que levava incubado. Talvez a instrução que recebia na escola elementar bávara — maquinal, enfadonha e por vezes brutal — muito contribuísse para lhe paralisar a inteligência. A escola não o inspirou: esmagou-o, e fez dele um solitário. Sobretudo por ser judeu, era-lhe difícil fraternizar com seus mestres e condiscípulos, cuja hostilidade era permanente. Certa ocasião, um repetidor trouxe um grande prego para a classe, dizendo aos alunos que com aquele ferro os judeus tinham pregado o Salvador à cruz. O incidente, por certo, não favoreceu a causa da religião, e muito menos contribuiu para melhorar a situação do jovem Einstein.

No meio de tantas coisas desagradáveis que o magoavam, esses anos de Munique proporcionaram-lhe um contato realmente feliz e proveitoso. Havia no Ginásio Luitpold um professor que tinha o dom de inspirar os seus alunos. Com esse homem, que se chamava Reuss, aprendeu Einstein a sentir as belezas da literatura clássica. Uma vez assimilado o espírito de Shakespeare, Goethe e Schiller, sua fome interior encontrou alimento. A poesia e a literatura passaram a formar parte inseparável do mundo que ele ia tentando criar. Percebia vagamente em si mesmo a tendência para generalizar e conceber o mundo como unidade estética, onímoda e ordenada. Seu amor à música, sua devoção religiosa ante as maravilhas da natureza acentuavam o conteúdo emocional destas aspirações.

Tinha, além disso, a paixão da matemática, em particular da geometria, cujos teoremas e construções lhe davam um deleite quase místico. "A geometria", diz o seu biógrafo Anton Reiser, "deu-lhe o clássico sentimento da harmonia perfeita, e seu entusiasmo pelas matemáticas foi-lhe a mais bela aventura de mocidade." A velha Munique reteve o jovem Albert até a idade de quinze anos, primeiro na escola elementar e posteriormente no Ginásio Luitpold. Teria continuado ali, passando da escola secundária para a universidade local, se sua família não se tivesse mudado para a Itália. Transladando o negócio de Munique para Milão, Herr Einstein, que não fora muito feliz com sua oficina eletrotécnica, esperava dar melhor vida à família.

Instalado em Milão, livre de quaisquer obrigações escolares, Albert passou ali bons tempos, fazendo longas caminhadas e aquecendo-se ao cálido sol da Itália. Dava largas à sua natureza nômade, estudava arte, tocava violino, filosofava, ia ver sítios interessantes, deliciava-se com leituras, errava pelas livrarias e museus, sonhava com navios e suspirava por embarcar. Essa época assinala o começo de suas incansáveis explorações nos vários campos do saber, e o entranhar-se daquele amor à música e aos navios. Não representava Isaac Newton a si mesmo na praia do imenso oceano da ciência, tendo na mão um seixo, símbolo de eterna inquirição humana? Não já na praia, mas em algum galante veleiro, aparelhado com as velas da esperança, é que o jovem Einstein figurava o seu anseio de novos horizontes:

*And though thy soul sail*
*leagues and leagues*
*beyond,*
*Still, leagues beyond those*
*leagues, there is more sea.**

As finanças da família, precárias sempre, mas agora em grande vazante, obrigaram-no a escolher imediatamente uma carreira. Resolveu fazer uma viagem à Suíça, onde esperava entrar na Academia Politécnica de Zurique. Foi recusado da primeira vez, mas no outro ano as portas do estabelecimento abriram-se a esse rapaz decidido, que já levava delineado o seu programa de vida. Como Pasteur, queria ser professor: este o seu objetivo imediato. Mas a sua ambição máxima era dedicar-se à pesquisa de verdades teóricas. Em perseguição destes remotos ideais, cruzou e recruzou as fronteiras internacionais da Europa — da Alemanha para a Suíça, daí para a Itália, e de novo para a Suíça.

---

* *"Embora tua alma viaje léguas e léguas em fora, ainda além dessas léguas acharás mais léguas de mar." Dante Gabriel Rossetti, Soneto 37:* The Choice.

Anos depois, passar-se-ia da Alemanha para a América. Tais viagens assumem hoje, para nós, um sentido simbólico: por um lado, patenteiam com eloqüência o belo espírito cosmopolita de Einstein, que encontra uma pátria onde quer que haja cultores da ciência; por outro, falam-nos da tragédia do exílio. De algum modo, a vida deste matemático parece encarnar as experiências e vicissitudes compartilhadas por todos os homens da ciência através do tempo e do espaço.

Contava dezessete anos apenas quando se matriculou na Academia Politécnica de Zurique. Sentia-se feliz, agora que se achava na escola desejada, encaminhado na boa direção. Conheceu ali Mileva Maric, talentosa moça sérvia, uma condiscípula que viria a ser a primeira sra. Einstein. Conheceu também Hermann Minkowski, que exerceu grande influência sobre ele. Minkowski, então professor, deveria contribuir dez anos mais tarde com elementos importantíssimos para as investigações de Einstein. O seu estudo favorito naquele tempo não eram as matemáticas, mas a física. Guiava-se ainda pelas idéias clássicas dos cientistas do século XIX, fazendo incursões pelas obras de todos os grandes físicos do passado. Mas o seu olhar, desviando-se dos conceitos dimensionais comuns, começava já a descortinar os prodígios de um mundo desconhecido. Idéias ainda virgens iam-se encadeando em novas combinações, cheias de afinidades surpreendentes e inesperadas associações de termos contrários. Nele a audácia da teoria, com suas surpresas e seus paradoxos, ia de mão dada com a ambição de alargar as fronteiras do saber. Defrontavam-no os seculares problemas dos fenômenos físicos. Podiam solvê-los satisfatoriamente as doutrinas aceitas da ciência ortodoxa? Einstein tinha as suas dúvidas.

Por esse tempo os negócios de seu pai na Itália tinham tomado tão má feição, que com a idade de vinte e dois anos Einstein foi forçado a empregar-se no Registro de Patentes de Berna. O trabalho de examinar patentes não representava para ele mais que um ganha-pão, não de todo fastidioso, mas sempre bastante rotineiro. Não obstou, contudo, a que Eins-

> **“ A coisa mais bela que o homem pode experimentar é o mistério. É esta a emoção fundamental que está na raiz de toda a ciência e arte. ”**

tein prosseguisse seus estudos na Universidade de Zurique. Tão pouco o impediu de devassar um novo mundo intelectual e de construir os possantes alicerces da sua carreira científica, a carreira de um titã que em suas passadas abarcaria o imenso universo dos fenômenos naturais.

No princípio de 1903 desposou Mileva Maric. Os módicos vencimentos que percebia no Registro de Patentes deram para pôr casa, um minúsculo apartamento de águas-furtadas onde recebia seus amigos para discutir os aspectos estruturais da nova teoria, que pouco a pouco ia tomando forma no seu espírito. Foram anos de grandes surtos imaginativos, os anos criadores da relatividade. Brotavam-lhe as idéias com assombrosa profusão, pensamentos de um alcance quase sobre-humano. Einstein dividia o seu tempo entre a repartição e o apartamento, trabalhando febrilmente com aquelas centelhas de intuição que lhe acendiam no cérebro a visão de um descobrimento. Em 1904, tinham-se-lhe clareado as idéias: estava pronto para dar ao mundo a primeira exposição da teoria especial da relatividade. Apareceu um tratado com o título: *Rumo à Eletrodinâmica dos corpos em movimento*, publicado em 1905. Seguiram-se-lhe prestes várias comunicações menores: *A Lei do Movimento Browniano*, *Da*

*Teoria Quântica dos Raios*, *A Identidade da Massa e da Energia*. Em seu cérebro rugia a tormenta da criação científica. O gênio de Einstein surgira para a luz.

A fama não se fez esperar. O grande físico Max Planck, o pai da teoria do *quantum*, escreveu-lhe de Berlim uma carta sinceramente congratulatória. O prof. Kleiner, de Zurique, com quem estudara Einstein, fez valer a sua influência obtendo para o seu jovem colega uma cátedra na Universidade de Berna. Acabavam-se os tédios do Registro de Patentes — que não deixavam de ter as suas compensações. Mas o elemento de Einstein era outro: suas novas funções na universidade e a aclamação do mundo, que culminou num convite para uma conferência sobre a relatividade e a constituição da luz, perante o congresso de cientistas que devia reunir-se em 1908 na cidade de Salzburgo. De Berna, foi Einstein chamado em 1909 para assumir uma cadeira na Universidade de Zurique.

Por que vias chegou ele à relatividade? De início pautara os seus raciocínios pela ciência ortodoxa, aceitando as noções, conceitos e teorias dos físicos do século XIX. Esses rijos pensadores nada tinham a invejar aos antigos, os das colunas de Hércules com a legenda *Nec plus ultra*. O lema era uma boa muralha de defesa e uma preciosa válvula de segurança para os investigadores da era vitoriana. Para além dessas colunas alongava-se um mar imenso e terrífico por suas inimagináveis profundezas.

Ainda estudante na Academia Politécnica, Einstein viera a conceber suas dúvidas sobre a validade do *Nec plus ultra*. A ambição que se apoderou dele foi a de estender o alcance do seu pensamento, de modo a abranger este oceano ora inacessível. Não havia algo de intuitivo no gesto audacioso de Colombo, aventurando-se além dos pilares de Hércules? Não é a simples imaginação, mas a imaginação *aparelhada* que tem forças para fazer incursões fecundas no desconhecido. O seu instrumento é a luz; em sua essência é ela uma *visão* — não, certo, visão de coisas imediatas, mas do invisível. Desde menino, fora Einstein seduzido pelas idéias de conjunto, do



Acima os avós paternos de Einstein, Hendel e Abrahan Einstein e abaixo seus pais, Herman e Pauline.

universal. Sempre fora apaixonado pela síntese. Nunca houve espírito tão adaptado à vastidão do cosmos e capaz, como este, de abraçar num só amplexo a imensidade do universo sideral e do átomo. O poder criador desse espírito, isto é, o poder de efetuar uma coordenação unificadora, ia passando do domínio virtual para a realidade.

Mas as tradições ortodoxas da ciência, que se filiavam a Francis Bacon, davam pouca margem a hipóteses. O próprio Bacon olhava-as com grave suspeição, avesso que era a toda sorte de "fantasmas". Para ele, a hipótese não tinha direito de cidade na legislação científica. Ia ao ponto de insistir para que ela fosse banida como elemento perturbador. A palavra hipótese tomou assim o sentido de coisa ilusória, visionária, alucinatória, com que se podiam construir sistemas imponentes mas destituídos de realidade. Em conseqüência, pugnava Bacon pelo conhecimento das leis gerais arrancadas à natureza pela observação direta. Tendo notado a ação desfiguradora de muitas hipóteses (visto que hipótese implica antecipação do fato), ele as rejeitava todas em bloco.

Mas o homem é um incorrigível construtor de universos. De Tales até Einstein — um período de vinte e cinco séculos — lançou a humanidade todo o peso do seu gênio nas balanças da especulação teórica. Platão definira o homem como um "microcosmo" que resume em si a multiplicidade do universo. O vulto imenso de Einstein corresponde a este conceito: vemos nele a essência humana atingir a plenitude dos seus poderes, no empenho titânico de conhecer o mundo. Tal é o portento do cérebro — do cérebro humano, único no reino animal. Meia dúzia de símios, postos a martelar numa máquina de escrever durante milhões de anos, não seriam capazes de reproduzir uma só frase dos livros de Einstein.

"É como se o assunto que me proponho a submeter à vossa consideração só pudesse ser tratado em poesias", exclama eloqüentemente Taine ao apresentar a sua obra *Do Ideal na Arte*. Aquilatar Einstein, conhecer por que razão foi ele e não um outro quem criou a teoria da relatividade, é compreender o papel da intuição e da inspiração na ciência. "Quando minha intuição foi confirmada pelo eclipse de 1919, isso não me causou a menor surpresa. Admirar-me-ia, ao contrário, se as coisas se passassem de outro modo. A imaginação é mais importante que o conhecimento. Porque este é limitado, ao passo que aquela abarca o mundo inteiro, abrindo estradas ao progresso. É, estritamente falando, um fator real na pesquisa científica." As assombrosas concepções de Einstein tiveram origem numa torrente de hipóteses atrevidas, que em sua feição unificadora semelhavam a princípio um vôo de imaginação poética. Todavia, os frutos da intuição não se podem aceitar sem exame. É preciso submetê-los aos processos da análise e da definição. Deste modo, a obra de Einstein começa como filosofia e termina como arte. Nascida da hipótese intuitiva, atinge sua plenitude como sinfonia.

Muito fizeram os livros de Henri Poincaré (1854-1912) para confirmar o jovem Einstein em suas novas convicções. Poincaré, sábio aprofundado na matemática, na astronomia e na física, foi um dos pensadores mais filosóficos, originais e audazes da época pré-einsteiniana. Seu espírito estendia as amplas asas por sobre os grandes problemas especulativos da ciência. Os frutos de suas meditações foram dados ao público numa série de ensaios brilhantes, reunidos em volume sob o título de *Os Fundamentos da Ciência*. O intuito de Poincaré era submeter tais fundamentos a um miúdo escrutínio — em especial os de natureza matemática. Basta correr os olhos pelas páginas do livro para se ver como Poincaré abalou os alicerces que a ciência ortodoxa considerava definitivamente firmados e inabaláveis. O sábio francês tinha nítida percepção de que, à medida que o saber progride, as ortodoxias vão-se tornando menos aceitáveis, menos definíveis, menos concebíveis.

Considere-se o espaço. É possível atacar este problema de acordo com os princípios de duas geometrias distintas, a saber: a geometria euclidiana e a não-euclidiana. A geometria das figuras traçadas sobre uma superfície plana será euclidiana. Mas suponhamos que a superfície em apreço, em vez de ser plana, é esférica como a do oceano, tomada em grande extensão: a geometria das figuras traçadas sobre ela apresentará as propriedades não-euclidianas de uma superfície de curvatura positiva. Qual, então, é a verdadeira geometria? Poincaré respondia a esta questão de um modo satisfatório para Einstein: "Uma geometria não pode ser mais verdadeira do que outra; só pode ser mais *cômoda*."

Em vários pontos de importância, a geometria de uma superfície esférica difere da de uma surperfície plana. Na superfície de uma esfera, como bem o sabe todo navegador, a menor distância entre dois pontos é um arco de círculo máximo. Por conseguinte, a geometria — argumenta Poincaré — é uma ciência muito relativa. Uma esfera, por exemplo, é convexa em todas as direções, mas existem outras superfícies, tais como a haste de um cálice, uma sela, ou um vale, que são convexas numa direção e côncavas em outra. Para superfícies deste gênero fazem-se necessários ainda outros tipos de geometria. Ora, uma superfície plana é aquela que não possui curvatura. A geometria de Euclides é a geometria das figuras traçadas numa superfície plana; daí o chamar-se *plana* a geometria euclidiana. Presumira Euclides que o espaço estava submetido às leis da geometria plana — o que vale dizer que ele pressupunha um espaço euclidiano. (Todas as superfícies não-euclidianas devem suas propriedades especiais ao fato de apresentarem alguma espécie de curvatura.)

É sabido que Newton raciocinava segundo os princípios da geometria euclidiana. Não podia fazer outra coisa, pois que no seu tempo os desenvolvimentos das geometrias não-euclidianas ainda não eram sequer sonhados. A geometria euclidiana era muito adequada aos seus propósitos. Mas para conceber a relatividade, Einstein houve mister de empregar os sistemas não-euclidianos. Fez tão completamente seu o ponto de vista de Poincaré (a saber, que em muitos respeitos a física clássica se ressente de contradições intrínsecas), que este, pouco antes de sua morte,

> "O mecanismo do descobrimento não é lógico e intelectual, é uma ilusão subtânea, quase um êxtase."

prestou tributo ao ardoroso moço. "Einstein", escreveu Poincaré, "é um dos espíritos mais originais que tenho conhecido. A despeito de seus verdes anos, já ocupa uma posição distinta entre os grandes sábios desta época. O que nos causa maravilha neste moço é, sobretudo, a facilidade com que ele se adapta às novas concepções, extraindo delas todas as conclusões possíveis. Não se apega aos princípios clássicos mas, ao encarar um problema de física, toma em consideração todas as conjunturas possíveis. Em seu espírito isto se transforma numa antecipação dos novos fenômenos que poderão ser verificados, um dia, pela experiência real. O futuro dará provas cada vez mais abundantes dos méritos de Albert Einstein, e a universidade que lograr atraí-lo ao seu seio há de tornar-se famosa por sua ligação com o jovem mestre".

Já havia Einstein investido com os problemas correlatos de espaço, do tempo e da matéria. À primeira vista, esses três aspectos do universo afiguram-se distintos e incapazes de se confundirem. Mas Einstein não tardou a compreender que eles não são formas separadas, independentes e isoladas umas das outras como julgava Newton: muito ao contrário, prendem-se entre si, são mutuamente relacionados. Não existe, por exemplo, objeto sem tempo, nem período de tempo que não seja demarcado por objetos colocados no espaço. Newton, entretanto, considerara o espaço e o tempo como entidades reais, coisas físicas que existem independentes da nossa percepção mental — ou, por outra, livres de condições impostas de fora. A doutrina newtoniana pode condensar-se nestas duas proposições, exaradas pelo próprio Newton: (A) Há um tempo real, absoluto e matemático, que se escoa uniformemente em virtude da sua própria natureza, independente de qualquer circunstância exterior; (B) Há um espaço absoluto, que permanece sempre o mesmo, em virtude da sua própria natureza, independente das circunstâncias exteriores, e imóvel.

Quando era ainda um estudante a ensaiar-se na física, Einstein depositava fé nestas concepções newtonianas. Mas à medida que avançava, crescia nele o ceticismo. Não podia ler Poincaré sem perceber que a física newtoniana estava construída sobre fundamentos dogmáticos e pressupunha muita coisa gratuitamente. Isto dera origem a preconceitos e hábitos mentais que opunham obstáculos à solução de um sem-número de problemas difíceis. Em outras palavras, os fundamentos de Newton — a doutrina do espaço e do tempo absolutos — criavam dificuldades desnecessárias.

Onde residia o erro? Na separação que Newton estabelecera entre o espaço e o tempo.

A separação do espaço e do tempo é uma teoria ilusória porque eles se interpenetram intimamente. Isolá-los é mutilar o pensamento. Porque o tempo e o espaço não são coisas separadas: são relativos um ao outro, elementos constitutivos de uma síntese mais profunda. Assim o tempo, não menos que o espaço, forma a essência das coisas. Ele não é uma parte supranumerária ajuntada à atividade das coisas: é fundamental à sua constituição. O mundo, por conseguinte, não possui apenas três dimensões, mas quatro. Esta quarta dimensão é o tempo.

Considere-se, um momento, a seguinte ilustração. Ocorreu,

suponhamos, um acidente na Avenida Rio Branco: eis a primeira dimensão. Acrescentar que o fato aconteceu em tal casa da esquina da Rua do Ouvidor é aditar uma segunda dimensão. Quando ajuntarmos que o acidente se deu no segundo andar, teremos a terceira dimensão. E precisar que ele ocorreu às duas horas da tarde da terça-feira passada é dar a quarta dimensão. Assim, o acidente aconteceu num "espaço-tempo" de quatro dimensões: comprimento, largura, altura (ou profundidade) e tempo*. Mediante estas coordenadas do espaço-tempo, todo acontecimento, em qualquer parte e a qualquer momento que ocorra, pode ser registrado e arquivado.

Além de sua dívida para com Poincaré, o ciclópico pensamento einsteiniano apresenta muitos elementos que derivam diretamente de um outro cientista rebelde, Ernst Mach (1838-1916). Mach tinha sido professor de matemática e física nas universidades de Graz, Viena e Praga. Como Einstein, sua primeira mocidade e experiência do magistério transcorreu em relativa pobreza, contra a qual ele lutara com rara paciência e resolução.

É Mach um dos precursores da relatividade. Havia mister de grande coragem para atacar Newton. Abaixo de reformar uma religião, não há nada mais difícil do que reformar uma ciência. "Vê-se que os físicos estão a caminho de constituir uma igreja, e já se vão apropriando dos meios habituais para tal fim", escrevia Mach, rebelado contra a "Comunhão dos Crentes". Mach discordava energicamente do conceito newtoniano do espaço e do tempo absolutos, que ele qualificava de medieval. Numa tentativa para substituí-lo escreveu um livro intitulado *A Ciência da Mecânica* (1883), em que prenunciava a teoria da relatividade pela consideração das relações mútuas das coisas, não num pequeno sistema isolado mas no imenso todo interconexo do

* *Ou, se preferirmos, (1) norte-sul, (2) este-oeste, (3) em cima-embaixo e (4) tempo. Todas estas direções são, naturalmente, relativas. Vitória está ao norte do Rio de Janeiro, mas ao sul da Bahia. O que está "em cima" para um observador pode estar embaixo para outro. Para uma pessoa, colocada no Pólo Norte, não há norte, leste nem oeste: tudo é sul.*

cosmos. Increpava Mach todo sistema, toda experiência isolada. "Quando dizemos que um corpo conserva inalterada sua direção e sua velocidade no espaço, essa asserção é nada mais nada menos que *uma referência abreviada ao universo inteiro.*" Esta frase encerra o pensamento mais luminoso da relatividade, isto é, que toda ação tem uma conexão direta com o universo inteiro, quer ela se passe a algumas milhas de nós, quer à distância de milhões de anos-luz.

Einstein não poderia ser tão profundamente influenciado por Mach e Poincaré se não possuísse uma bagagem matemática excepcional. Graham Wallas, na sua *Arte de Pensar*, menciona quatro estádios no processo do descobrimento: primeiro a preparação, depois a incubação, terceiro a iluminação e por último a verificação. Os conhecimentos matemáticos de Einstein foram nitidamente preparatórios: apontavam para uma nova síntese que inutilizaria os planos e estratégias da velha física, substituindo os seus moldes graníticos por um sistema relativista de referência. O trabalho supremo do teorista é condensar todos os conhecimentos do seu domínio científico numa concepção acessível à inteligência, remodelando perpetuamente suas idéias, à medida que a experiência se amplia e a visão se torna mais penetrante.

A relatividade, sob o seu aspecto matemático, é de uma transcendência vertiginosa: é um champanhe intelectual que, absorvido em largos haustos, nos deixa um pouco grogues. Bebido com vagar, todavia, não é tão difícil de assimilar e compreender. Depois de compreendermos o desenvolvimento histórico de uma teoria, a surpresa nos arranca à nossa estolidez e cegueira habituais.

Já na Antigüidade se havia descoberto que as leis por que se governa o mundo observado por nós se podem exprimir mediante fórmulas matemáticas. Na história da matemática, os postulados de Euclides representam a síntese das idéias e relações geométricas concebidas pelos gregos. Baseada nestes postulados, desenvolveu-se uma teoria geométrica cujo capítulo mais notável era o que tratava das curvas chamadas secções cônicas. Sécu-

Acima Einstein e sua irmã Maja, com 5 e 3 anos e abaixo os dois alguns anos mais tarde.

los depois, verificou Kepler que as secções cônicas eram justamente o que ele precisava para elaborar as leis dos movimentos planetários. Outro grande passo que deu a matemática foi a síntese da álgebra e da geometria, nos trabalhos analíticos de Descartes. Posteriormente, por obra de Newton e de Leibnitz, a ciência matemática anexou uma nova província com a descoberta do cálculo. Originou-se daí a mais possante investigação matemática até então vista, que permitiu a Newton consolidar sua teoria da gravitação, deduzindo dela as leis de Kepler. Durante os dois séculos subseqüentes à morte de Newton, os sucessores deste continuaram a desenvolver uma teoria compreensiva e majestosa dos corpos celestes, sobre os alicerces matemáticos que ele ajudara a estabelecer.

Ora, a grande sistematização da geometria grega efetuada por Euclides (posto que a sua redução do sistema aos postulados essenciais não fosse definitiva) era talhada para despertar a admiração dos grandes matemáticos de todos os tempos. Mas há um ponto em que a geometria euclidiana se revela notavelmente imperfeita: o chamado axioma das paralelas. Afirma ele, em essência, que por um ponto dado só se pode traçar uma paralela a uma linha reta dada. Em 1733 apareceu o livro de Girolamo Saccheri sobre Euclides. A importância deste livro está no fato de conter ele — embora fosse escrito no intento de estabelecer uma vez por todas o axioma das paralelas — como que o primeiro esboço de uma geometria não-euclidiana. Em resultado dos trabalhos do húngaro João Boliay (1802-1860) e do russo Nicolau Lobatchevski (1793-1856), elaboraram-se geometrias de absoluta coerência lógica, em que o famoso postulado euclidiano das paralelas cedia lugar a um outro axioma de todo diferente. Isso assinala o verdadeiro início das geometrias não-euclidianas. Einstein não poderia corrigir Newton se não tivesse à mão as idéias desenvolvidas por essas geometrias heterodoxas. Graças unicamente ao engenho matemático, e fazendo uso pleno do belo aparelhamento técnico legado por seus predecessores — entre os quais se devem mencionar homens como Gauss, Riemann, Ricci e Levi-Civita — pôde Einstein imprimir um novo rumo à física. Ampliou o âmbito da matemática até lhe fazer abarcar fenômenos bem diferentes daqueles que Newton se tinha aplicado a examinar. Era de esperar, por conseguinte, que a sua teoria assumisse formas pouco simples à exposição e inacessíveis à compreensão do homem mediano.

No somar as influências que moldaram Einstein — Poincaré, Mach, os matemáticos não-euclidianos — ressalta acima de todos o vulto de Isaac Newton. É ele o gigante que amesquinha todos os demais.

Quando Einstein proclamou a teoria da relatividade, o entusiasmo popular que a acolheu era animado da falsa impressão de que ela constituísse uma refutação completa de Newton. Na realidade, porém, a relatividade é uma expansão e um refinamento das idéias de Newton. "Ele reunia numa só pessoa", declarou Einstein em recente tributo ao cientista de Cambridge, "o experimentador, o teorista, o mecânico e, o que não é de desdenhar, o artista na exposição. Esse homem ergue-se diante de nós, robusto, seguro e solitário. Sua alegria de criar e sua exatidão minuciosa patenteiam-se em cada palavra e em cada número".

Em outra ocasião, no segundo centenário da morte de Newton, Einstein acentuou a importância do seu grande predecessor, com relação ao desenvolvimento da teoria da relatividade. É uma profunda apreciação de Newton, qual se poderia esperar de um grande estudioso como Einstein. Newton não foi apenas o maior partícipe na invenção de certos métodos matemáticos, qual seja o cálculo infinitesimal, como também foi dos primeiros a apontar claramente a necessidade de se unirem os métodos experimentais aos matemáticos. Tomou termos vagos, como "força" e "massa", e deu-lhes um sentido preciso. "Os princípios básicos de Newton eram tão satisfatórios do ponto de vista lógico, que o impulso para novos surtos só poderia vir dos fatos da experiência. Antes de me alongar sobre este ponto, cumpre acentuar que o próprio Newton enxergou

**“Penso noventa e nove vezes e nada descubro; deixo de pensar, mergulho em profundo silêncio: e eis que a verdade se me revela.”**

melhor o lado fraco do seu sistema do que o fizeram as gerações seguintes. Este fato sempre provocou a minha admiração reverente.”

O “lado fraco” de Newton tornou-se o lado forte de Einstein. “O imenso oceano da verdade”, dissera Newton, “estende-se inexplorado à nossa frente”.

Assim como a história do átomo remonta pelos séculos anteriores a Dalton até os pensadores da antiga Grécia, também a idéia central dos trabalhos de Einstein habitou por muito tempo o cérebro dos filósofos. Ele apropriou-se do que estes tinham produzido de melhor, coordenando-lhes as criações. O mérito de Einstein é, portanto, o de ter sido o primeiro a dar força matemática ao conceito da relatividade, estabelecendo as suas provas matemáticas. Em certo sentido, teve isto origem na noção filosófica da relatividade de todo conhecimento. Einstein acentuou a idéia de que tudo é medido em relação a alguma outra coisa, isto é, apercebido como *relativo* a ela; de que os nossos conceitos do tempo, do movimento e do espaço absolutos são improcedentes, pela simples razão de que o homem não possui nenhum padrão imóvel ou imutável. Dando a este pensamento uma sólida base matemática, pôde formular uma teoria especial que coordena e confirma as leis observadas da natureza, desfazendo as discrepâncias que por tão longo tempo haviam confundido os cientistas.

Tanta coisa, em ciência, sofre modificações! Os fatos e leis que hoje reinam triunfantes são destronados amanhã. A verdade de ontem complica-se de tal modo que deixa de ser verdade. Ontem, acreditávamos na suficiência da geometria euclidiana; hoje voltamo-nos para a não-euclidiana. O que nunca muda é o método científico. O modo por que opera este método, podemos apreciá-lo na criação da teoria *especial* da relatividade.

Ao tempo em que Einstein entrava a refletir seriamente, o progresso da física havia estabelecido com grande certeza dois fatos importantes que pareciam contraditórios entre si: (a) o princípio da relatividade, e (b) a constância da velocidade da luz. Resolver este conflito passou a ser o grande problema da ciência, porque se um princípio é verdadeiro o outro deve necessariamente ser falso. O problema foi debatido por muitos, mas, a despeito de todos os experimentos da física, revertia sempre para aqueles dois princípios antagonistas. Era, pois, um impasse. Mas eis que acode Albert Einstein com estas palavras: "Não nos é lícito duvidar da veracidade de ambos os princípios em exame, enquanto tivermos alguma confiança na evidência dos nossos sentidos; também não se podem encontrar falhas nos raciocínios que demonstram o antagonismo dos dois princípios. Mas as considerações ligadas a esta prova implicam certas pressuposições relativas ao absolutismo e independência das nossas noções de espaço e tempo, as quais nos parecem tão evidentes que até hoje ninguém as pôs em dúvida. Entretanto, uma análise mais cuidadosa de tais pressupostos revela que eles apenas *parecem* evidentes, e que não são necessidades conceituais absolutas. Ainda mais: por meio de uma conveniente modificação desses conceitos desaparece o antagonismo dos dois princípios acima mencionados."

Era um raio de intuição a iluminar a noite. Como os nossos conhecimentos da natureza só se podem alterar pela aquisição de novos conhecimentos, esta nova descoberta redundava num passo decisivo, pois permitia a Einstein tirar conclusões decorrentes da simultânea validade dos dois princípios em conflito. O conjunto destas conclusões recebeu o nome de teoria especial da relatividade.

O grande efeito da teoria especial foi o de revelar que a descrição de um fato — que, por consenso geral, só é perfeita quando as coordenadas de espaço e tempo são especificadas — variará de acordo com o movimento relativo do observador. Chama-se-lhe teoria especial porque ela se limita a afirmar a relatividade dos movimentos uniformes e, portanto, só é válida para esta classe de movimentos. (Einstein não tomara ainda em consideração, por exemplo, os movimentos curvilíneos.) É, como se sabe, um fato de observação diária que todos os fatos mecânicos se passam num sistema dotado de movimento retilíneo uniforme. Sentado dentro de um trem que corresse sem o menor solavanco, um homem não poderá afirmar que ele está em movimento se os estores das janelas estiverem baixados, do mesmo modo que não poderíamos afirmar a rotação da Terra se não houvesse astros para servir-nos de referência. O movimento só se torna aparente quanto é comparado.

Suponhamo-nos a bordo de um navio. Não poderemos garantir que ele se move, a menos que olhemos por uma vigia e observemos a passagem das ondas. Perceberemos então que há um movimento relativo entre o navio e o oceano. Ou, para variar um pouco o exemplo, suponhamos que o nosso navio está ancorado e um outro passa por ele com velocidade uniforme. (Por hipótese, pisamos um chão tão firme a bordo de um navio ou de um trem como em nossa casa.) O movimento uniforme não será notado. De feito, todos os fenômenos se passariam de maneira exatamente idêntica no interior de ambos os navios e se nós



Einstein com sua primeira esposa Mileva e seu filho Hans Albert, Berna, 1904.

nos achássemos lá dentro não teríamos consciência de nenhum movimento. Agora, se nos postarmos no convés de um dos navios e olharmos para o outro, saberemos que eles se movem um em relação ao outro. Assim, a percepção do movimento retilíneo uniforme é impossível sem uma referência aos objetos circunstantes. Por conseguinte, o princípio da relatividade é válido para os processos mecânicos. Com a exceção única da velocidade da luz, os movimentos absolutos não se podem medir, nem mesmo perceber. Os movimentos observados no universo têm todos um caráter relativo. Toda tentativa para observar um movimento absoluto seria invariavelmente frustrada pela própria natureza das relações mútuas entre a matéria e o espaço.

Imaginai achar-vos a bordo de um navio que desce o rio Amazonas. Colocado no meio exato da distância entre popa e proa, fazeis rolar com a mesma força duas bolas sobre o convés. Uma impelís para diante, a outra para trás. É claro que a primeira bola alcançará a proa do navio mais ou menos ao mesmo tempo em que a segunda chegará à popa. No nosso modo de ver, as duas bolas correram com a mesma velocidade. Mas para um homem postado na praia a observar a vossa experiência, a velocidade das bolas não seria a mesma que a vós se afigurou. O homem da praia diria que a bola impelida para a frente rolou mais depressa do que a outra. Diria que a velocidade da primeira bola era igual à sua velocidade própria mais a velocidade do navio, e que a da segunda era igual à sua velocidade própria menos a velocidade do navio. Tanto ele como vós teríeis razão. A diferença depende do objeto que se toma para ponto de referência. Para vós foi o navio; para ele, a praia.

Desta relatividade do movimento, ou, com mais exatidão, do movimento uniforme, procede a relatividade das distâncias entre pontos do espaço. Suponhamos que eu me acho num trem e resolvo ir ao carro restaurante, situado na frente do comboio. Ponho-me a caminhar em determinado momento, e dentro de poucos minutos alcanço a minha mesa no restaurante. Que distância percorri? Depende do modo como a medirei. Se eu a medir relativamente ao trem, será uma distância assaz curta, uns cento e vinte metros talvez. Mas se eu medir a distância percorrida com respeito à terra, terei uma cifra muito diferente, que dependerá da velocidade do trem. Assim, pois, poderei declarar que percorri cento e vinte metros, ou dois quilômetros, por exemplo — segundo o sistema de referência. Relativamente ao trem, caminhei 120m; relativamente à terra, 2km.

Esta revisão dos conceitos newtonianos proporcionou a Einstein outras descobertas de fundamental importância. Revelou-lhe, por exemplo, esta coisa surpreendente: a velha idéia de *simultaneidade* dos acontecimentos em pontos diversos do espaço (conceito que serve de base a todas as medidas de tempo) tem uma significação apenas relativa. Isto quer dizer que dois acontecimentos simultâneos para um observador não serão, de um modo geral, simultâneos para um outro.

Costumamos referir todos o fatos que se passam no mundo a um tempo único e simples. Mas o tempo é relativo — e relativos também são os acontecimentos chamados "simultâneos". Não existe um tempo universal, mas sim um tempo para cada observador. Só se podem referir matematicamente uns aos outros diversos tempos diferentes tomando-se em consideração o movimento relativo dos observadores. Como cada observador tem o seu tempo próprio, dois acontecimentos que, ocorridos em lugares diversos, são simultâneos para um observador, não o serão para outro.

Um exemplo nos patenteará a significação desta relatividade da simultaneidade. Einstein ilustra o fato pedindo-nos que imaginemos dois pontos muito distantes, A e B, situados sobre uma linha férrea. Um observador acha-se colocado sobre uma plataforma de parada em M, a igual distância de A e B. Suponhamos que dois raios atinjam os trilhos nos dois pontos A e B. Se o observador vir os relâmpagos no mesmo instante, dirá que os dois raios caíram simultaneamente. Imaginai agora que viajais num trem muito rápido, e que ao alcançardes o ponto M vedes os mesmos relâmpagos. Os dois raios que atingiram os pontos A e B, e que são simultâneos relativamente à plataforma, sê-lo-ão também relativamente ao comboio em que viajais? Não. O motivo é que o movimento do trem vos transporta na direção de um dos relâmpagos, afastando-vos do outro. Portanto, argúe Einstein, somos forçados a concluir que acontecimentos que são simultâneos para um corpo rígido de referência (a plataforma) não o são para outro corpo de referência (o trem). Conseguintemente, todas as marcações de tempo dependem da situação do observador que as faz, sendo, assim, diferentes para dois observadores que se movem um relativamente ao outro.

A idéia newtoniana de que o tempo decorre de modo igual para todo os corpos, sem que venha ao caso o seu movimento, é inexata. Tornemos ao exemplo do navio. Ele nos mostrará como é falsa a noção da simultaneidade absoluta. A nossa crença de que *agora* é o mesmo agora para todos os átomos do universo é absolutamente errônea. Assim, se as duas bolas batem respectivamente nas duas extremidades do navio ao mesmo instante, nós presumimos (erradamente, já se vê) que tal instante é o mesmo para o homem do navio e para o observador colocado na praia. Ainda mais: presumimos que esse instante será o mesmo para qualquer homem *em qualquer parte*. Mas isto não pode ser verdade, pois que um observador em repouso com relação aos dois acontecimentos observá-los-á como simultâneos, enquanto um observador em movimento observará um deles antes do outro. Não há nenhuma razão para supormos que acontecimentos separados no espaço possam unir-se no tempo. Por exemplo: o intervalo de tempo entre dois fatos acontecidos em Júpiter e em Marte parecerá tal a um observador da Terra, e tal outro bem diverso a um habitante de outro planeta. Em outras palavras, repetimos: o que parece simultâneo num sistema de referência não o será em outro.

Um raciocínio similar aplica-se ao caso da distância entre dois pontos de um corpo rígido. Define-se o comprimento de uma vara como sendo a distância entre os dois pontos que

> “A mente avança até o ponto onde pode chegar; mas depois passa para uma dimensão superior, sem saber como lá chegou. Todas as grandes descobertas realizaram esse salto.”

são ocupados *simultaneamente* pelas duas extremidades. Ora, sendo a simultaneidade comprovadamente relativa, a distância entre dois pontos (visto como ela depende de uma percepção *simultânea* de dois acontecimentos) é, por conseguinte, também relativa. Segue-se daí que o comprimento só significa alguma coisa em relação a um corpo de referência. Um corpo não tem, como acreditava Newton, a mesma forma e o mesmo volume qualquer que seja o seu movimento. Ensina a relatividade que toda mudança de movimento acarreta uma correspondente mudança de comprimento, de maneira que o comprimento *real* de um corpo, no sentido newtoniano, é coisa que não existe. Revela pois a nova teoria que a maior parte das leis científicas tradicionais consistem em puras convenções métricas, exatamente análogas a essa outra “grande lei” de que um pé contém doze polegadas.

Ao contrário do que seria de esperar, Einstein não tinha muito gosto pelo magistério. Os deveres da profissão tomavam-lhe tempo. Andava em plena elaboração da sua teoria. Precisava estar só, libertar-se das exigências do curso. Também não podia sentir verdadeiro interesse pela faculdade, pelas suas conversações, seus clubes, sua vida social. O que lhe fazia falta era uma vida sossegada, meditativa, livre de deveres absorventes e fúteis atividades sociais.

A cabo de vários anos passados em Zurique, e um na universidade alemã de Praga, seu sonho realizou-se. Einstein foi chamado a Berlim, onde o Kaiser Guilherme assinou uma concessão especial permitindo — embora ele fosse agora um cidadão suíço — a sua nomeação para professor num instituto recém-criado, que tinha o nome do imperador reinante: o Instituto Kaiser Guilherme de Física. Ao mesmo tempo, era eleito para a Academia Prussiana de Ciências. Todos os seus desejos, por assim dizer, deviam ser satisfeitos. Todos os deveres estranhos seriam reduzidos ao mínimo, a fim de lhe dar a necessária independência que exigiam suas investigações.

Na primavera de 1914, Einstein reencetou os seus trabalhos em Berlim. Chegara então à persuasão de que o seu elemento era a teoria pura, mais do que a experimentação. Era a relatividade uma concepção exata do universo? Ele acreditava que sim. De outra forma não a teria trabalhado com tanta tenacidade, desde a publicação da teoria especial. E, assim como esta fora por muito tempo uma inspiração sedutora da ciência, que só ele tivera forças para realizar, o ambicioso ensaio de síntese visava agora uma teoria *geral* da relatividade. Com lógica inflexível, seguiu até as últimas conseqüências as ilações e condições prévias de fatos que ele conhecia com alto grau de precisão. Unia aos conhecimentos acumulados a visão imaginativa de novas conquistas possíveis, de modo a prefigurar o delineamento de partes ainda inexploradas da natureza.

Como a teoria especial só é válida para os movimentos retilíneos uniformes, cumpria agora provar que *todo* movimento é relativo. Tendo sido bem sucedido com uma classe particular de movimentos, ele propôs-se a criar uma teoria geral da relatividade que abarcasse todo o reino da física. Esta aspiração teve o seu complemento feliz precisamente um ano depois de Einstein se haver instalado em Berlim. Foi a sua teoria geral, e não a especial, que lhe deu um novo critério dos fenômenos gravitacionais, fazendo com isto avançar a física muito além de Newton.

A teoria geral pôs em ordem o domínio da física. Sua qualidade principal é uma coerência lógica interna que só se pode expressar em linguagem matemática. Matéria, eletricidade, radiação, energia, tudo vai nela incluído. Demoliu a barreira que separava a matéria da energia, fornecendo uma fórmula para a sua transformação. Seu grande resultado é a lei da gravitação de Einstein, a que este chegou por uma proeza brilhantíssima de análise matemática. A fusão das forças da inércia com as da gravidade num todo único é a idéia básica do seu sistema gravitacional. Se bem que inteiramente diversa da de Newton em sua forma matemática, a lei de Einstein dá resultados quase idênticos aos obtidos pelo sábio inglês. Se assim não fosse, a nova teoria deveria estar errada, porquanto a lei newtoniana do inverso dos quadrados pode prever com grande precisão os movimentos do Sol, da Lua e do planetas, ao mesmo tempo em que explica em todos os pormenores a precessão dos eqüinócios, as marés, a forma da terra e muitos outros fenômenos. Para fins ordinários, as duas leis vêm a dar na mesma coisa. Não se deve esquecer, no entanto, que a teoria de Einstein, como a de Newton, não é uma *explicação* da gravidade. É, sim, uma *descrição* mais exata. Dando resultados idênticos aos de Newton, ela presta um serviço de que era incapaz o aparelhamento científico de Newton.

O historiador futuro da ciência, mais afastado dos acontecimentos que nos rodeiam, há de ver muito melhor do que nós, o sótãos da ciência atravancados de velhas teorias, leis, princípios e hipóteses. De todas as teorias sobre a causa da gravitação que foram propostas depois de Newton, a de Einstein constitui o primeiro avanço positivo em dois séculos. O *Relatório Anual* do Instituto Smithsoniano para 1876 arrola mais de vinte e cinco teorias que apareceram impressas, depois de haver Newton

publicado os *Princípios* (olhados ainda hoje como a mais grandiosa contribuição para o pensamento científico, feita por um só homem). Depois de 1876, pode-se computar sem receio de erro uma dúzia mais. Desses ensaios de teorias, alguns não passavam de oco misticismo, outros eram profundas investigações sobre quimeras. Só a de Einstein resistiu, cresceu e deu resultados grandiosos.

Pensa muita gente que a explicação da queda dos corpos como devida a uma força atrativa exercida pela Terra tenha sido uma concepção inteiramente original de Newton. Isto não é verdade. Galileu estava familiarizado com a idéia, e Aristóteles, que viveu dois mil anos antes de Newton, conhecia-a. A própria lei do inverno dos quadrados havia cintilado em mais de um cérebro antes de Newton. Qual foi, pois, a contribuição pessoal deste? Ele, e ninguém mais, concebeu a demonstração matemática da gravitação universal: a lei dos quadrados inversos explicava satisfatoriamente a revolução da Lua ao redor da Terra, as revoluções dos vários planetas ao redor do Sol, e os movimentos de todos os corpos do universo estelar. O êxito da relatividade não deturpa a grandeza deste feito nem embota a inscrição que se lê no monumento a Newton: "Que os mortais se felicitem por haver existido tão insigne ornamento da raça humana".

Mais de um século decorrera antes que se fizesse notar qualquer divergência séria da teoria de Newton com os fatos observados. Em 1845, o astrônomo francês Leverrier chamou a atenção para o fato de que o planeta Mercúrio apresentava em seus movimentos uma pequena irregularidade, em desacordo com a lei newtoniana do inverso dos quadrados, e muito grande para que se pudesse explicar por um erro de observação. O célebre Mercúrio — à revelia de Newton — gira em torno do Sol numa órbita que, à primeira vista, é uma elipse. Um estudo mais cuidadoso revela que a posição dessa elipse sofre modificações com o curso do tempo, de modo que o ponto em que Mercúrio mais se aproxima do Sol (o seu periélio) não é fixo, conforme afir-

Einstein aos 20 anos, quando cursava Matemática e Física no Instituto Politécnico de Zurique, 1905.

“ A imaginação é mais importante do que o conhecimento. ”

mava a velha lei, mas deslocase lentamente. Tal deslocamento explica-se em grande parte pela influência de outros planetas, que causaria um avanço de 532 segundos de arco por século. Mas o avanço observado é de 574. Os 42 segundos restantes, que não tinham sido explicados satisfatoriamente apesar das numerosas hipóteses engenhadas, foram explicados pela teoria de Einstein. Sua lei da gravitação dava a chave da discrepância, na cifra exata prevista pela teoria geral. Era este um resultado que muito reforçava as probabilidades de ter Einstein razão. O cálculo patenteava a existência de outros fenômenos — problemas deixados sem solução por Newton — que derivaram da nova lei como conseqüência natural.

O primeiro destes fatos diz respeito à curvatura da luz. Afirmara Einstein que a massa do Sol devia curvar o espaço vizinho, de modo que a luz de uma estrela, ao atravessar este espaço, sofreria também uma curvatura. Calculando a flexão de um raio luminoso desviado pelo Sol, chegou à conclusão de que ela seria duas vezes maior do que a indicada pela teoria newtoniana. Levou a cabo estes cálculos só e desajudado. É verdade que um jovem astrônomo alemão, cujo nome caiu em esquecimento, Soldner, de Munique, havia estudado o problema em 1803, concluindo que um raio de luz se curvaria ao passar perto da borda do Sol. Sem nada conhecer dos trabalhos de Soldner, Einstein foi levado a conceber o mesmo pensamento. Os cálculos de Soldner estavam errados, avaliando ele a curvatura em um arco de segundo. Einstein, todavia, baseado na teoria geral, afirmou que a flexão montaria a 1,75 segundos de arco. O eclipse total de 29 de maio de 1919 confirmou a exatidão deste prognóstico. Nova confirmação trouxe o eclipse de setembro de 1922. Como a fórmula de Einstein previa o número exato sem perturbar os cálculos em qualquer outro caso, o princípio da relatividade recebeu grande prestígio desta confirmação.

A segunda prova que Einstein propôs para a verificação da sua teoria era relativa a um leve deslocamente, previsto por ele, das raias do espectro solar. A muitos respeitos foi esta a mais bela prova de todas, pois que Einstein tinha predito um efeito não só inadvertido de Newton e de sua teoria, mas absolutamente inexplicável fora dos princípios da relatividade. Verificar esse fato era tarefa assaz dificultosa. Não obstante, o problema foi atacado por diversos astrônomos. Como Einstein não trabalha num deserto, as questões que ele estuda também são examinadas por outros. Veio a concluir-se que o deslocamento na direção da faixa vermelha do espectro dava-se na medida exata anunciada por Einstein. Portanto, a teoria da relatividade ajusta-se a um número maior de fatos do que a de Newton, ao mesmo tempo que inclui todos os fenômenos abrangidos por esta. Ganha em compreensão, mas perde em simplicidade. Mostrou-se admiravelmente exata à aplicação, e os seus detratores da primeira hora acabaram por ceder. Confirmada hoje, alteia-se qual um monumento ao rigoroso e incansável raciocínio do seu autor.

A confirmação daquilo que Einstein havia predito afiançou mais uma vez ao mundo o valor do teorista matemático no reino das ciências físicas. Não é de admirar que Galileu e outros tenham qualificado a matemática de *divina* — “Aquilo que podemos medir, podemo-lo conhecer”. A matemática é fértil em resultados. Não foi graças ao puro cálculo matemático que James Clerk Maxwell previu as ondas hertzianas? Estes raios invisíveis não foram descobertos por acidente. Foram deduzidos em 1867 por esse teorista inglês, ao demonstrar que a teoria eletromagnética da luz comportava a possibilidade de se produzirem ondas imperceptíveis à vista humana. Vinte anos depois eram estas ondas produzidas e medidas por Hertz. Decorridos mais dez anos, utilizou-as Marconi para telegrafar a um navio que se achava a dez milhas da costa. Já em 1902, se transmitiam telegramas através do Atlântico. Muita coisa ainda estava para vir: os portentos do rádio, da fotografia à distância, resultados práticos que emanavam de equações altamente abstratas, gizadas por um teorista solitário.

A relatividade não se estréia com a destruição dos velhos princípios fundamentais. Corrige, antes, conceitos e hábitos mentais que têm criado dificuldades desnecessárias. Não demole: revê, amplia, simplifica ao cabo. Einstein contemplou um imenso problema em seu conjunto, como unidade matemática coesa. A sua construção audaciosa fez da velha teoria newtoniana apenas uma teoria aproximativa. Como disse sir Arthur Eddington: "Derribando a teoria de Newton, Einstein pegou a planta regada por este, a qual já começava a rachar o pote, e transplantou-a para o campo aberto."

A súmula do pensamento einsteiniano produz vertigens numa pessoa comum. Não que seja muito difícil, mas pelo que ainda tem de estranho. Os conceitos de Newton, que tão bem conhecemos hoje, devem ter-se afigurado completamente incompreensíveis aos leigos do seu tempo. A relatividade é para ser assimilada devagar, com certo trabalho de imaginação, até que as coisas divisadas num relâmpago se tornem partes concatenadas em nosso cabedal efetivo de idéias. A paciência, o tempo e a familiaridade trazem a compreensão. Devemos lembrar-nos de que até um assunto elementar como o de que tratam os compêndios de álgebra para escolas secundárias encerra conceitos que houveram mister do gênio de um Descartes para serem formulados. Einstein forjou uma robusta cadeia de raciocínios, com que alijou do seu pedestal olímpico a lei newtoniana da gravitação universal. Sem os recursos matemáticos do cálculo tensor (que se desenvolveu a partir dos trabalhos algébricos de Cayley e Sylvester) é improvável que ele lograsse sequer abalar a velha teoria da gravitação.

E que dizer do espaço? É ele curvo? Lobatchevski, Riemann e outros batiam-se pela "curvatura do espaço", e a teoria de Einstein a exige. O conceito da curvatura do espaço pode-se tornar acessível sem que tenhamos de recorrer às transcendências proibitivas da matemática superior. Suponhamos, a título de ilustração, que eu encho a minha banheira e deposito na superfície da água um pedaço grande de cortiça, que ficará flutuando. Farei, deste modo, com que a superfície da água, ainda há pouco perfeitamente plana, se torne não-euclidiana em redor da cortiça (porque esta encurva a superfície, formando uma depressão). Suponhamos, agora, que eu tomo uma pequena rolha e a jogo à banheira. Enquanto não se aproxima da cortiça grande, a rolha ocupa uma superfície plana, ou euclidiana. Mas, se ela se mover na direção da cortiça, entrará lentamente na área não-euclidiana deprimida pela massa relativamente grande daquela. Penetrando na área curvada, a rolha é obrigada a modificar a sua trajetória reta e, enquanto a atravessa, sofre um desvio curvilíneo. Este exemplo da banheira ajuda a elucidar a proposição einsteiniana de que o espaço deve ser curvo nas vizinhanças da matéria. Quanto maior a massa, maior a curvatura.* Atribuindo a curvatura do espaço à presença da matéria no mesmo, Einstein foi perfeitamente lógico ao declarar que se não existisse matéria todo o espaço seria euclidiano.

Em termos simples: a teoria da relatividade chega à conclusão de que todo campo gravitacional — seja do Sol, seja da Terra ou de qualquer pedaço de matéria no universo — produz uma curvatura no es-

---

** Foi em conseqüência disto que Einstein predisse que os astrônomos verificariam uma curvatura dos raios estelares na proximidade do Sol, sendo ela maior junto à borda do grande orbe solar e diminuindo com o afastamento, até se tornar nula.*

paço. Uma bala de canhão disparada no ar descreve uma curva e cai no chão. Os planetas descrevem círculos à volta do Sol. Que significa isso? Simplesmente que a gravidade não é uma força operando à distância, como julgava Newton, mas um efeito devido à modificação do espaço nas vizinhanças imediatas do corpo que lhe sofre a ação.

De acordo com os ensinamentos newtonianos, as órbitas planetárias curvas, a trajetória de uma bola de tênis e dos projéteis em geral — tudo isto é atribuído a uma "força" de gravidade. A relatividade interpreta estas coisas de outro modo. Rejeita a tal força como pura obra da imaginação. É a curvatura do espaço, e não a suposta força da gravidade, que faz o projétil cair no chão depois de descrever uma trajetória curva. Deste modo, a relatividade lança uma ponte entre a geometria e a física. Do ponto de vista da teoria newtoniana, a geometria precede a física. Com o advento de Einstein, a geometria deixou de ser um antecedente da física para fundir-se indissoluvelmente com ela numa só disciplina.

A própria idéia da redondeza da Terra — e da curvatura da sua superfície — é um tanto recente. Foi preciso muito tempo para que a humanidade viesse a reconhecer esta verdade. Por quê? Porque, deslocando-nos sobre a sua superfície numa direção qualquer, temos a impressão de que viajamos *em linha reta*. A realidade, como se sabe, é outra; e a prova é que se nós continuássemos a viajar na mesma direção, acabaríamos fazendo o circuito da Terra e regressando ao ponto de partida. Por aí se vê que a Terra é ilimitada, porém não infinita.

Tenho uma bola de basquete pendurada em meu quarto. A bola é ilimitada, e a mosca que está agora caminhando sobre a sua superfície poderia andar à vontade durante milhões e milhões de anos, sem jamais encontrar fim à superfície da bola. Esta, realmente, não tem limites — mas não é infinita. Para prová-lo, podemos medi-la exatamente em centímetros quadrados. O mesmo vale para a Terra: é uma esfera, e curva, embora ainda haja quem a julgue plana. Se o leitor é daqueles que não acre-

Einstein no ano em que publicou a *Teoria da Relatividade Restrita*, Berna,1905

ditam na Terra plana (ilusão de que nos desfazemos facilmente pela observação atenta dos fenômenos que se passam no *horizonte*), está então em condições de compreender esta concepção bem mais delicada do universo einsteiniano finito. Porque, exatamente como a superfície da Terra que se curva sobre si mesma, sendo ilimitada mas não infinita, é também o universo inteiro. Eis o motivo por que sir James Jeans assevera que a luz e os sinais do telégrafo sem fio viajam com a mesma velocidade, porque são, já se vê, essencialmente a mesma coisa. E essa coisa leva um sétimo de segundo para dar volta à Terra, e provavelmente uns 100.000 milhões de anos para fazer o circuito do universo.

Enquanto os homens consideravam o espaço como euclidiano e o tempo como newtoniano, só podiam supor que o universo fosse infinito. Mas desde que começaram a pensar de acordo com as normas da relatividade, tornou-se evidente que o espaço, sendo não-euclidiano, é "curvo" e que o universo, em conseqüência, tem dimensões finitas. Isto cria um novo ponto de vista que modifica profundamente nossas idéias sobre o mundo físico.

Dentro desse mesmo espírito, a concepção einsteiniana da massa e da energia veio revolucionar as idéias clássicas estabelecidas. Do mesmo modo que o espaço e o tempo são unificados numa síntese mais profunda pela doutrina da relatividade, também a energia e a massa são postas em relação pela equação $E = mc^2$, em que o $c$ é a velocidade da luz. A conservação da matéria, de Lavoisier, e a conservação da energia, de Mayer, vêm assim a fundir-se de tal forma que massa e energia devem ser consideradas como essencialmente afins — expressões diferentes de uma mesma coisa, aspectos complementares de uma unidade subjacente.

Diga-se o que se disser das dificuldades matemáticas da relatividade (e são reconhecidamente grandes), aqueles que seguirem a trilha de Einstein passarão a ver os fenômenos naturais a uma luz nova e diferente. Assim como Darwin mudou o pensar dos homens com respeito às coisas orgânicas, também Einstein nos deu uma nova inteligência da natureza do mundo físico.

Sempre ávida de tudo quanto é espetacular, a fantasia do público foi mais cativada pelos trabalhos de Einstein sobre a relatividade do que por suas menos conhecidas, mas não menos importantes, contribuições para a física atômica das radiações — o domínio especial de Max Planck. Desde o início de seus estudos de física, Einstein foi atraído pelos conceitos revolucionários do seu colega mais velho, que realizara no microcosmo (átomo, energia atômica) o que Einstein fez para o macrocosmo (espaço, tempo, matéria, gravitação, eletromagnetismo). No mesmo ano em que anunciava ao mundo a teoria especial da relatividade, Einstein apresentou uma solução do efeito fotoelétrico, baseada no *quantum* de Planck. Assim, é à contribuição de Einstein para a teoria quântica que se deve grande parte dos maravilhosos progressos da espectroscopia e dos conhecimentos sobre a estrutura atômica. É curioso que o Prêmio Nobel lhe fosse concedido em 1921, não em reconhecimento de seus trabalhos sobre a relatividade, mas "pelo descobrimento da lei do efeito fotoelétrico".*

O professor Planck é hoje um ancião (completou oitenta anos em 25 de abril de 1938), carregado de distinções, inclusive o Prêmio Nobel, que ele recebeu em 1919. Num banquete dado em sua honra alguns anos atrás, Albert Einstein prestou ao teorista do *quantum* um tributo memorável: "Há muitas espécies de homens que se dedicam à ciência, nem todos por amor à própria ciência. Alguns penetram no seu templo porque isso lhes dá ocasião de exibir os seus talentos especiais. Para essa classe de homens a ciência é uma espécie de esporte, em cuja prática se regozijam como o atleta exulta no exercício da força muscular. Há outra casta que vem ao templo fazer ofertório dos seus cérebros, movida apenas pela esperança de compensações vantajosas. Estes são homens de ciência pelo acaso de alguma circuns-

* *A razão disso é que o Prêmio Nobel é outorgado a obras sobre física experimental.*

tância que se apresentou por ocasião da escolha de uma carreira. Se a circunstância fosse outra, eles se teriam feito políticos ou financeiros. No dia em que um anjo do Senhor descesse para expulsar do templo da ciência todos aqueles que pertencem às categorias mencionadas, o templo, receio eu, ficaria quase vazio. Mas restariam alguns fiéis — uns de eras passadas e outros do nosso tempo. A estes últimos pertence o nosso Planck. E é por isso que lhe queremos bem."

Não havia muito que Einstein se entregara aos seus trabalhos em Berlim quando desposou uma prima viúva, Elsa. O primeiro matrimônio fora dissolvido. Rebentou então a Guerra Mundial — um banho de sangue e fogo. Ele recusou toda ingerência naquilo. Quando os cientistas alemães projetaram redigir um manifesto em apoio do seu governo, Einstein não se lhes quis associar. "Estamos, pois, na encruzilhada. Tomaremos o caminho da paz, ou continuaremos na velha estrada da força bruta, tão indigna da nossa civilização? Isso depende inteiramente de nós." Mês após mês, ano atrás ano, viu marchar a mocidade alemã pelas ruas de Berlim, a caminho do front. Nada pode descrever-nos melhor a sua dor profunda, do que esta condenação do militarismo: "Que um homem folgue de marchar em filas de quatro aos acordes de uma banda, já é suficiente para me fazer desprezá-lo. O cérebro que possui foi-lhe dado por engano: uma medula espinhal era tudo de que precisava. Esta chaga da civilização devia ser abolida com a maior rapidez possível. O heroísmo de encomenda, a violência imbecil e todas as demais barbaridades que se enfeitam com o nome de patriotismo — como eu odeio tudo isso! A guerra me parece uma coisa vil e desprezível. Prefiro que me esquartejem a tomar parte nessa coisa abominável."

São estas, na verdade, palavras apaixonadas e veementes de um grande moralista. Depois da implantação do fascismo, e em particular depois da subida de Hitler ao poder, Einstein modificou suas idéias. É hoje um cidadão americano, escapo à inquisição de um regime que lhe mandou queimar os livros, confiscou os seus bens e pôs-lhe a cabeça a prêmio. Vendo no estado totalitário um brutal atentado à civilização, Einstein prega a resistência ao mal. Afinal de contas, o preço da liberdade sempre foi a eterna vigilância.

Ninguém pretenderá que a primeira guerra mundial tenha resolvido qualquer coisa. Com os milhões de homens imolados e mutilados, os governos derribados, as enormes perdas sofridas, não é de espantar que a miséria e a depressão econômica tenham acossado um mundo entregue aos horrores da subversão. Desses resultados cruelmente negativos do grande conflito sobressai uma obra positiva, a obra de um cientista solitário que tratou de conservar seu juízo são no meio da loucura geral. A guerra protelou a divulgação da relatividade. Em 1915 havia Einstein dado a última demão à teoria geral, mas as comunicações com os cientistas ingleses estavam cortadas. Seis meses após a assinatura do armistício, Arthur Eddington chefiou uma missão que ia estudar o eclipse de 29 de maio de 1919, no intento de comprovar Einstein. Comprovou-o — e a teoria de Einstein tornou-se propriedade do mundo cosmopolita e pacífico da ciência e da filosofia.

Pouco antes de seu quinquagésimo aniversário, ainda em Berlim (1929), Einstein apresentou à Academia Prussiana de Ciências uma breve comunicação de menos de seis páginas impressas, tendo por título *Contribuição para uma Teoria do Campo Unificado*. Lutara durante dez anos com as suas imensas complexidades, no esforço de operar uma nova síntese de suas teorias. A primeira teoria especial da relatividade tratava dos fatos que ocorrem no campo eletromagnético dos fenômenos visuais. A teoria geral é uma extensão dela, ocupando-se mormente com as ocorrências do campo gravitacional. (As duas teorias envolvem o emprego de sistemas de equações radicalmente diferentes.) Ao anunciar-se a teoria do campo unificado, o interesse público desperto compreendeu que Einstein estava envidando uma tentativa audaz para fundir as concepções do eletromagnetismo e da gravitação numa só unidade íntima e lógica. Assim como

> “A Religião do futuro será cósmica e transcenderá um deus pessoal, evitando os dogmas e a Teologia.”

as ondas do calor, da luz e do rádio podem ser consideradas como variantes do fenômeno ondulatório, também as suas numerosas (e, por enquanto, frustradas) tentativas para criar uma teoria unificadora baseiam-se na crença de que o eletromagnetismo e a gravitação sejam manifestações de uma mesma coisa. Se a experimentação vier a demonstrar sua verdade, a teoria do campo unificado promete ser a “maior síntese jamais operada pela mente humana”.

Em resultado dos trabalhos de Einstein e Planck, a física teórica acha-se hoje dividida em dois reinos: o dos fenômenos microscópicos, em grande parte elucidado pela teoria do *quantum*, e o dos fenômenos cósmicos, que as fórmulas da relatividade enfeixam e explicam. Cabe agora à ciência dar mais um passo gigantesco à frente, fundindo numa só estas duas teorias. Já temos certos prenúncios, por ora nebulosos e inconcebíveis. Entre os pioneiros deste mundo novo destacam-se Eddington e Dirac.

E também Einstein.

Como o velho rei Ulisses do poema de Tennyson, Einstein

reina em Princeton, monarca encanecido de todos os teoristas — dos mortos e dos que ainda vivem. Como na mocidade, ainda ama os seus navios e equipagens, símbolos de remotas aventuras num universo que se expande. Já convenceu a outros de que a sua doutrina do universo em expansão é uma significativa conseqüência da teoria da relatividade: de Sitter, Eddington, Jeans, Lemaître, Hubble...

*Atrás fica o porto. O vento enfuna as velas.*
*Acolá se estende o tenebroso mar.*
*— Meus marinheiros,*
*Companheiros de batalhas e vigílias...*
*...Vinde, amigos:*
*Inda é tempo de buscar um mundo novo.*

---

(In *Arquitetos de Idéias*, Porto Alegre, Ed. Globo, 1957)

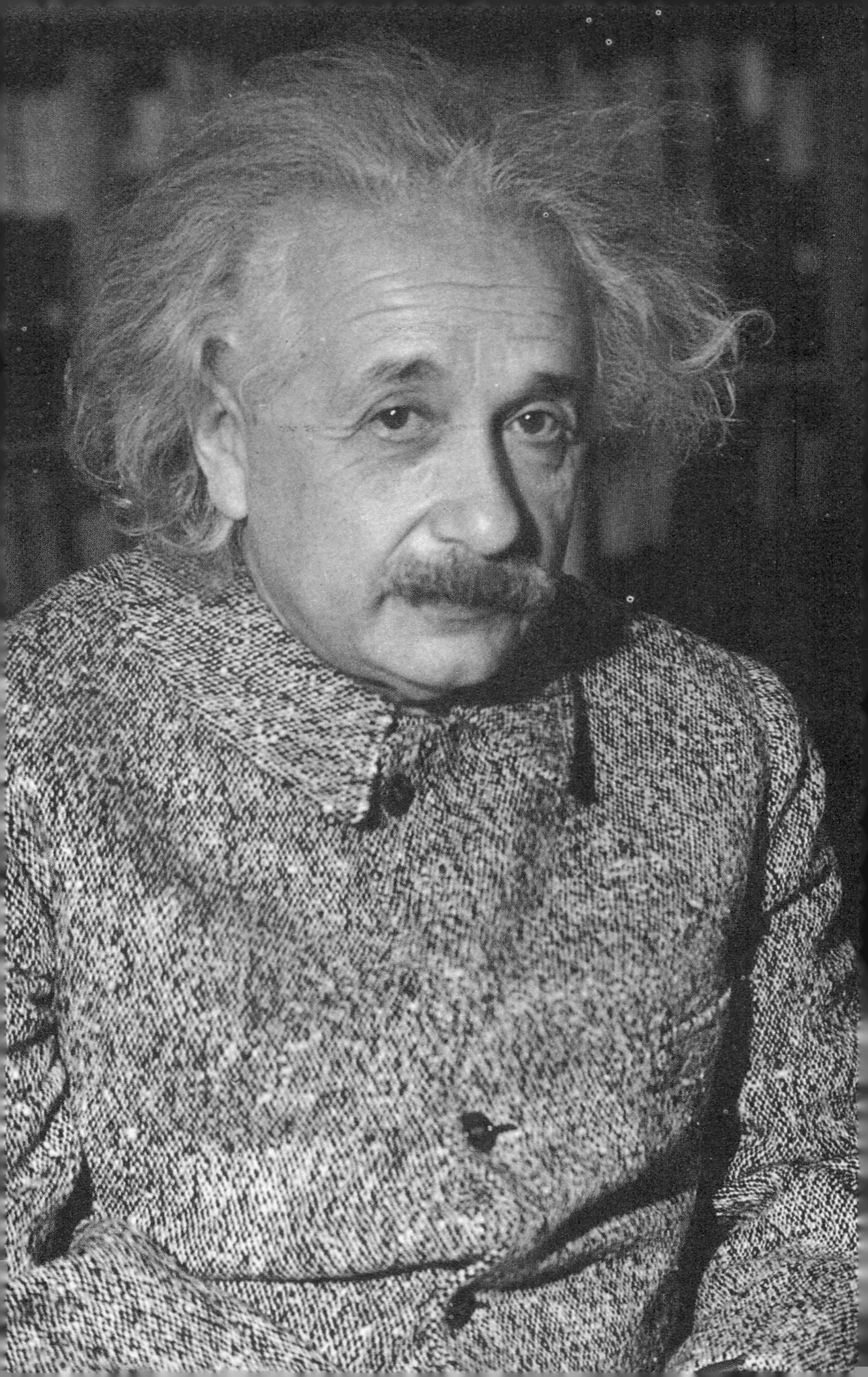

# EINSTEIN
## PERFIL BIOGRÁFICO

# A Vida do Grande Cientista

**Henry Thomas e Dana Lee Thomas**

Um dia, seu pai lhe deu uma bússola. Era um brinquedinho para entreter o menino. Albert tremia de entusiasmo ao contemplar a agulha "mágica" que se voltava para o norte. Via, diante de si, não um brinquedo, mas um milagre. Era muito criança para compreender o princípio do magnetismo; no entanto, sentia instintivamente que estava no limiar dum mundo encantado.

O mesmo acontecia ao rapazinho quando tocava violino. Seus olhos cintilavam, e a mão tremia com uma paixão demasiado intensa para um menino sadio. Era a música que o agitava assim. Muitas vezes ficava a escutar extasiado enquanto sua mãe tocava uma sonata de Mozart ou Beethoven ao piano. Mas, quando o assunto das palestras se desviava para a política, e as pessoas começavam a falar em Bismarck e na ascensão do Império Alemão, Albert se assustava e saía da sala.

Era um menino singular. Não parecia filho de um engenheiro eletrotécnico. Certo dia, um regimento de soldados do Kaiser desfilou pelas ruas de Munique e "todos os bons alemães" correram às janelas para

Einstein e sua famosa cabeleira, conhecida no mundo todo.

aplaudir. As crianças, principalmente, ficaram fascinadas com o luzir dos capacetes e o arrogante passo de ganso dos soldados. Mas Albert Einstein teve um estremecimento. Desprezava e temia aqueles "monstros belicosos". Suplicou à mãe que o levasse para uma terra onde nunca tivesse de ser um deles. E a mãe, para tranqüilizar o filho, prometeu levá-lo.

Um menino singular, com efeito. Não possuía nenhum dos entusiasmos, e muito pouco da mentalidade, dos outros meninos. Seu pai afligia-se com as informações dadas pelos mestres de Albert. Diziam-lhe que o garoto tinha pouca agilidade mental, era insociável, "sempre mergulhado nos seus sonhos absurdos". Apelidaram-no *Pater Langweil* — Padre Lesma. Albert, porém, não notava a preocupação dos mais velhos. Sentia-se intensamente vivo num mundo cheio de coisas maravilhosas. E penetrava sozinho nesse mundo. Não precisava de companhia. Compunha cânticos e adaptava-lhes versos em louvor de Deus. Brincava no jardim e caminhava pela rua cantando em voz alta as suas composições. Era inacreditavelmente feliz.

Mas não tardou a aprender coisas amargas. Em casa, fora educado na fé judaica. Na escola oficial o instruíram na religião católica. E o coração da criança não encontrava nada de irreconciliável entre o Antigo e o Novo Testamento. Eram dois belos poemas, tristes e verdadeiros, essas narrativas dos sofrimentos dos Profetas e do martírio do Salvador. Amava com igual fervor ambas as histórias, assim como amava a sua bússola e os seus cânticos. Mas um dia o mestre levou para a classe um grande prego. E disse aos alunos que era com aquele prego que Jesus havia sido crucificado. Todos os olhos se voltaram para Albert, como se *ele* tivesse crucificado Jesus. Viu as fisionomias dos seus condiscípulos transfiguradas por estranho ódio. Não podia compreender. Vermelho de vergonha — pelos outros, não por si mesmo — levantou-se do banco e correu para fora da sala.

Estava só, tirante a companhia dos seus livros. Entabulou amizade, através dos séculos, com Euclides, Newton, Spinoza, Descartes — matemáticos e filósofos cujas obras conhecera antes dos quinze anos. E adorava os poetas e músicos — Heine, Schiller, Goethe, Beethoven, Mozart e Bach. Aquele era um mundo de ordem, de harmonia, de lei — uma lógica que atuava como um bálsamo em uma natureza sensível desorientada pelo ilogismo de seus mestres e condiscípulos.

Quando Albert cursava a escola secundária, sentiu, mais do que nunca, a necessidade de "afogar a solidão nos livros". Pois seu pai, malogrando-se nos negócios, mudara-se com a família para Milão, na esperança de que a mudança de cenário lhe devolvesse a prosperidade. Albert ficara só em Munique.

Durante as férias, contudo, visitou Milão e achou a atmosfera italiana mais compatível com a sua alma sonhadora. Renunciou à cidadania alemã. Mas não requereu naturalização na Itália. Queria viver livre de peias — um cidadão do mundo.

Suas excentricidades irritavam o pai. Chegara o momento de Albert arcar com as responsabilidades de um homem. Completara já dezesseis anos. Herr Einstein incitou-o a esquecer as suas "caraminholas filosóficas" e dedicar-se ao "mister sensato" de engenheiro eletrotécnico.

Albert ficou consternado. Seus instintos mais profundos se revoltavam contra a idéia de seguir uma profissão mercantil. Mas como resistir ao mundo inteiro?

Obteve a resposta a essa dúvida ao ler um ensaio de Emerson. "Se um homem se apegar resolutamente aos seus instintos, o mundo acabará por ceder a ele."

A obstinação de Albert venceu. O pai finalmente permitiu que se especializasse em matemática. Albert fez exame de admissão na Academia Politécnica de Zurique — e foi reprovado. Seus conhecimentos de línguas estrangeiras eram deficientes.

Voltou à escola secundária, e ao estudo da sintaxe. Depois de breve e intensa aplicação às preposições e particípios, apresentou-se novamente como candidato à Academia Politécnica de Zurique. Desta vez foi admitido.

Amadurecera já os seus planos. Preparar-se-ia para o pos-

**“A maioria de nós prefere olhar para fora e não para dentro de si próprio.”**

to de professor de matemática e física. Lia com voracidade todos os livros que encontrava sobre essas duas matérias. Mas o seu apetite intelectual se estendera a outros campos afins, na filosofia e na ciência. Cedeu à fascinação do positivismo de Ernst Mach e do evolucionismo de Darwin. Absorveu a economia utópica do socialismo. Admirava o pessimismo metódico de Schopenhauer e o otimismo metódico de Kant. E sempre, como na infância, desenvolvia os seus sonhos intelectuais dentro da estrutura da paixão pela música. Ia ao Salão de Concertos e escutava o mágico violino de Joachim. Depois retirava-se para o seu aposento e improvisava no violino até altas horas da noite.

E assim terminou os estudos e recebeu o certificado de professor. Mas não conseguiu nomeação. Era judeu. Sempre que ia solicitar um posto de professor, recebia a mesma resposta evasiva: “Pessoalmente, eu não me oponho; mas há outras pessoas, o senhor compreende...”

Por algum tempo, recorreu — sem resultados — ao ensino particular, e depois alcançou um cargo na repartição suíça de patentes em Berna. Passava horas e horas curvado sobre a escrivaninha, somando números e sonhando com as estrelas. Nos momentos de ócio, cobria de complicadas fórmulas matemáticas o seu bloco de papel. Mas, quando ouvia os passos do chefe, atirava o papel na cesta. O dr. Halle, apesar de bondoso, não encarava com simpatia a “pataratice especulativa” dos estudos matemáticos do seu jovem subordinado.

Mas, para Einstein, esses estudos realizados nas horas vagas eram tudo, menos especulativos. Suas fórmulas abstratas haviam tomado a consistência da realidade. Acreditava ter encontrado uma nova solução do enigma do universo. Mas só comunicava essa convicção a alguns dos seus íntimos — e a Mileva Maric, sua condiscípula sérvia a quem desposara. "Estou procurando resolver o problema do espaço e do tempo."

Quando terminou o que julgava ser a solução correta do problema, levou-a ao escritório dos *Annalen der Physik*. "Eu lhe ficaria muito grato", disse timidamente ao diretor, "se o senhor pudesse encontrar espaço para publicar isto em seu jornal."

O diretor encontrou espaço, e o obscuro funcionário da repartição de patentes da Suíça tornou-se um dos mais famosos cientistas do mundo.

Einstein tinha vinte e seis anos quando solucionou o problema da harmonia celeste. Era uma solução de artista, bem como de cientista. Procurara analisar a tessitura das estrelas do mesmo modo por que o músico analisa a tessitura de uma sonata. Como se correlacionam as partes para produzir a concordância do todo?

Todas as tentativas anteriores para esclarecer a estrutura do universo — observava Einstein — tinham-se baseado numa suposição falsa. Os cientistas julgavam que o que parecia verdadeiro a *eles* quando observavam o universo do seu ponto de vista pessoal, de *sua* posição relativa em *seu* cantinho do mundo, devia necessariamente ser verdadeiro para *todos* os que observavam o universo de *todos os outros* pontos de vista. Mas em realidade — asseverava Einstein — não existe essa verdade absoluta. A mesma paisagem apresenta diferentes aspectos a diferentes pessoas que a vêem de diferentes pontos de observação. É uma coisa para o pedestre, uma coisa totalmente diversa para o motorista, e ainda outra coisa diferente para o aviador. Toda experiência *é relativa* à pessoa exposta a essa experiência particular. A única realidade objetiva no universo é a constituída por *uma combinação de todos os pontos de observação possíveis.* A verdade absoluta somente pode ser determinada pela soma de todas as observações relativas. Isso é apenas um modo de enunciar matematicamente a doutrina spinozista segundo a qual o Espírito de Deus é a combinação de todos os espíritos humanos dentro da estrutura da eternidade — *sub specie aeternitatis*. Einstein era um perfeito discípulo de Spinoza.

Mas não de Newton. Em oposição à doutrina newtoniana, segundo a qual todas as coisas tendem a permanecer em repouso, Einstein declarava que na realidade tudo se acha em movimento. Mas as velocidades dos diversos corpos em movimento no universo — explicava ele — são relativas umas às outras. Para essa relatividade do movimento, sem embargo, há uma exceção — a velocidade constante da luz. Tal velocidade — cerca de 186.000 milhas por segundo — é a maior que conhecemos. É o fator imutável de todas as nossas equações da velocidade relativa dos corpos em movimento.

A lei da relatividade — declarava Einstein — aplica-se não apenas à *velocidade*, mas também à *direção* de um corpo em movimento. Deixemos cair uma pedra do alto de uma torre ao solo, por exemplo. Para nós, parecerá que a pedra caiu em linha reta. Para um observador hipotético situado no espaço — e Einstein emprega a palavra "observador" referindo-se, quer a uma pessoa, quer a um instrumento registrador — a pedra descreveria uma linha curva, porquanto o observador havia de registrar não só o movimento da pedra sobre o nosso planeta mas também o movimento do planeta em redor do seu eixo. Para um terceiro observador, colocado não no espaço vazio, mas em outro planeta, sujeito a um movimento diferente do da Terra, a pedra descreveria ainda outra linha diferente. Todas as trajetórias, ou direções, de um corpo em movimento são, pois, relativos aos pontos de onde se observa o deslocamento desse corpo.

Assim, verificamos que tanto a *velocidade* quanto a *direção* de um corpo em movimento são relativas. Mas isso ainda não é tudo — continua Einstein. Há um terceiro fator na relatividade — o *tamanho* relativo de um corpo em movimento. Todos os corpos se con-



Einstein, em 1906, ano em que publica a *Teoria da Relatividade Generalizada.*

traem ao mover-se. Para um observador colocado num trem que avança a grande velocidade, esse trem é mais comprido que para um observador que o vê da margem da via férrea. A contração de um objeto em movimento acresce proporcionalmente à velocidade. Uma vara que mede uma jarda em estado de repouso, ficaria reduzida a zero se posta em movimento com a velocidade da luz.

O espaço, pois, é relativo. E o mesmo se pode dizer do tempo — declara Einstein. O passado, o presente e o futuro não passam de três pontos no tempo, análogos aos três pontos do espaço ocupados por — digamos — Washington, Nova York e Boston. Cientificamente falando, é tão lógico viajar de amanhã a ontem como viajar de Boston a Washington. Para um observador imparcial do universo, todo o tempo, assim como todo o espaço, se tornaria presente a um único volver de olhos.

O tempo, como o espaço, é questão de movimento relativo. Se um homem pudesse deslocar-se com uma velocidade superior à da luz — o que, por certo, é humanamente impossível — alcançaria o seu passado e teria a data do seu nascimento relegada para o futuro. Veria os efeitos antes das causas, e presenciaria os acontecimentos antes que eles sucedessem realmente. O tempo é apenas um relógio planetário que mede o movimento. Cada planeta possui o seu sistema cronométrico local próprio, diferente de todos os outros sistemas cronométricos. O sistema da Terra, longe de constituir uma medida absoluta do tempo para toda a parte, não passa de uma tabela do movimento do nosso planeta em redor do Sol. O dia é uma medida de movimento através do espaço. A nossa posição no tempo depende inteiramente da nossa situação no espaço. A luz que nos traz a imagem de uma estrela distante pode ter viajado um milhão de anos pelo espaço antes de chegar à Terra. Portanto, a estrela que vemos hoje é a estrela de um milhão de anos atrás. Do mesmo modo, um acontecimento que se deu na Terra há milhares de anos — como a Batalha de Maratona — só agora terá sido presenciado por um observador situado em outro planeta, que, por conseguinte, o considera como um episódio atual.

O que é hoje em nosso planeta, portanto, pode ser ontem num outro planeta, e amanhã em um terceiro. Pois o tempo é uma dimensão do espaço — e o espaço é uma dimensão do tempo. Na realidade — afirma Einstein — o universo é uma continuidade espaço-tempo; espaço e tempo dependem um do outro. Nenhum dos dois pode ser expressado independentemente. Ambos devem ser encarados como aspectos coordenados da nossa concepção matemática da realidade. O mundo não é tridimensional. Consiste nas três dimensões do espaço e numa quarta dimensão adicional — o tempo.

A excitação provocada por sua sabedoria "superior" divertia Einstein. "Diante de Deus, todos somos igualmente sábios e igualmente loucos", disse. Não o impressionou a proposta de uma cátedra em Zurique. Sempre aborrecera os professores. Era um artista. Nada tinha em comum com o tipo mental do pedagogo. "Os pedagogos colecionam fatos como os cães colecionam ossos — unicamente para amontoá-los no pó". Observara que poucos dos chamados eruditos compreendiam a significação do pensamento especulativo. Escasso era o número de pensadores entre eles. Riam-se quando se lhes dizia que era possível a um cientista procurar o segredo das leis físicas com tanta paixão quanto o compositor procura o segredo da harmonia musical. "O grande cientista e o grande compositor se assemelham em um ponto — tanto um quanto o outro são grandes poetas".

Foi como poeta que Einstein saudou o nascimento de seu primeiro filho. Tinha muito mais prazer em empurrar o carrinho da criança do que em dar as suas aulas na universidade. Tremia diante dos olhos vazios e das bocas abertas do auditório que tinha vindo comprar um vintém de conhecimentos na fonte da sua ciência. Não era homem para conduzir multidões, ou ensinar multidões, ou misturar-se às multidões. Era um estudioso solitário, "um pesquisador singular, taciturno, arredio". Pouco lhe importava saber que tinha construído uma sólida reputação entre as sociedades científicas da Europa, ou que o notável matemático Poincaré o saudara como o "vencedor de Newton", ou que o eminente físico Lorentz reconhecera nele um dos maiores cientistas da história. Era-lhe indiferente que as famosas universidades de Utrecht e Leyden lhe tivessem oferecido cadeiras de professor. Einstein evocava com saudade os velhos dias em que trabalhara sob as ordens do dr. Halle — um posto em que pudera encontrar tempo e sossego para realizar as suas pesquisas sem alarde, sem ostentação, sem banquetes.

Aceitou finalmente o posto de *professor ordinarius* na Universidade de Berlim. Pois era preciso manter sua família. Durante as caminhadas pelas ruas da capital prussiana, continuava a edificar a teoria da relatividade. Suas primeiras especulações tinham levado a grande número de conclusões interessantes. Mas haviam levantado um número igualmente grande de novos problemas. Apoderara-se dele uma "curiosidade demoníaca" de procurar o último esconderijo da verdade — a cadência íntima do movimento das estrelas na sinfonia do tempo e do espaço. Cada vez mais, nos seus momentos de repouso, recorria ao violino e improvisava novos temas que lhe davam asas ao pensamento especulativo.

Mas esses pensamentos sofreram uma interrupção repentina. A Europa entrara em guerra (1914). A alma sensitiva de Einstein se confrangeu. "Esta guerra é um crime selvagem e perverso. Eu preferiria ser cortado em pedaços a tomar parte em tão abominável ação."

Mas poucas pessoas lhe deram ouvidos. O pensamento criador de nada valia num mundo entregue à tarefa da destruição. Era tudo uma questão de valores relativos...

Durante o conflito, Einstein viveu num cosmos à parte, um universo de sua própria criação. Encerrando-se numa mesquinha água-furtada, longe dos outros quartos de uma casa de apartamentos de Berlim, dedicava-se a verificar o desenvolver da sua teoria da relatividade. O mais insignificante episódio doméstico bastava para imprimir-lhe às meditações um rumo portentoso. Certa vez subiu uma escada para mudar a

**“ A ciência sem a religião é paralítica – a religião sem a ciência é cega. ”**

posição de um quadro na parede. Mas, distraído, esqueceu a ocupação a que se entregava no momento, pisou em falso e despencou-se no chão. Quando se pôs em pé, entrou a inquirir as causas do acidente. A queda da escada no sótão da casa de Einstein desempenhou na história da ciência papel não menos importante que a queda da maçã no jardim de Newton. Pois levou Einstein a empreender a análise crítica da teoria da gravitação.

Mais uma vez, como na análise do movimento, do espaço e do tempo, chegou a conclusões surpreendentes. Os físicos — declarou — andavam fundamentalmente errados na sua crença de que os objetos *caíam*, no sentido de serem *puxados para baixo* na direção de um centro de gravitação. Cientificamente falando, nenhum objeto é puxado para baixo. Na realidade, não existe “embaixo” — nem “em cima” — no universo. “O movimento de um corpo se deve unicamente à tendência da matéria para seguir o caminho de menor resistência.” Os corpos, nas suas perambulações pelo espaço, escolhem os caminhos mais fáceis e evitam os mais difíceis. Não há mais motivo para admitir a existência de uma força de gravitação absoluta, do que para admitir a existência de um tempo absoluto. Assim como existem sistemas locais de tempo, do mesmo modo existem campos de gravitação locais. Mas esses campos não são dotados de nenhuma força ou atração misteriosa. Toda massa — como o Sol, por exemplo — cria em seu centro uma curvatura ou "deformação" do espaço vizinho, formando uma "colina". E as massas que se encontram nas proximidades da colina — como a Terra e os outros planetas do sistema solar — movem-se em torno das suas ladeiras pela simples razão de ser esse o modo mais fácil de se moverem. Einstein provou essa teoria da "curvatura" do espaço por meio de uma série de fórmulas matemáticas. O ponto principal da teoria é este: a distância mais curta entre dois pontos não é uma linha *reta*, mas uma linha *curva*, pois que o universo consiste em uma série de colinas curvas, e todos os corpos do universo caminham em redor das ladeiras curvas dessas colinas. Na verdade, não existe movimento em linha reta em nosso universo. Um raio de luz, que viaje de uma estrela remota em direção à Terra, é desviado ao passar pela ladeira do espaço que rodeia o Sol. Einstein calculou matematicamente o ângulo exato desse desvio.

E o seu cálculo se revelou correto. No eclipse de 1919, os observatórios de Cambridge e Greenwich, cada um trabalhando independentemente, organizaram expedições de astrônomos para fotografar a direção da luz das estrelas durante o eclipse. Ambos os grupos averiguaram que as fotografias tomadas confirmavam a predição de Einstein, quase até a fração decimal que ele determinara por meio de suas fórmulas matemáticas. O raio de luz realmente se curvava pela maneira e segundo o ângulo descrito nos cálculos de Einstein. Nascera no espírito do homem uma nova concepção do universo.

Quando Einstein recebeu as fotografias tiradas pelos astrônomos, examinou-as com uma cintilação irônica nos olhos. "Agora que se demonstrou a exatidão da minha teoria da relatividade", comentou, com uma risadinha, "a Alemanha vai proclamar que eu sou alemão, e a França vai dizer que sou um cidadão do mundo. Se se provasse a falsidade da minha teoria, a França diria que sou alemão, e a Alemanha declararia que sou judeu."

Ninguém ficou mais surpreendido que o próprio Einstein

com o repentino dilúvio de fama que desceu sobre ele. Como Byron, ele despertou um dia para encontrar seu nome em todas as bocas. Não apenas os cientistas, mas milhões de homens comuns do mundo inteiro tinham-no transformado em um ídolo familiar. Os resultados das expedições astronômicas haviam sido telegrafados para todos os jornais. Einstein era constantemente obrigado a tirar fotografias, dar entrevistas, recusar ofertas de Hollywood — inclusive um convite para filmar uma película a quarenta mil dólares semanais. "Isto não há de durar. Não pode durar. O povo enlouqueceu temporariamente, e amanhã há de esquecer tudo". A fama era a última coisa que ele desejaria. Quando viu a sua notoriedade crescer de mês para mês, começou a ficar francamente exasperado. Esperara passar a vida inteira em tranqüilas investigações científicas. E agora o ruído dos aplausos não o deixava meditar em paz. Que queria dele aquela gente? Por que não lhe permitiam viver como todo o mundo? Que insânia era aquela? "Todos falam em mim, e ninguém me entende".

Na verdade, ninguém desejava entender esse assombroso malabarista de idéias matemáticas. Certa noite, uma jovem apresentou seu noivo ao pastor da igreja local. No dia seguinte o pastor, ao encontrar-se com a futura desposada, chamou-a de parte. "Eu aprovo o seu pretendente sob todos os aspectos, menos um", disse. "Ele não tem senso humorístico. Eu lhe pedi que me explicasse a teoria da relatividade de Einstein, e o moço tentou realmente explicá-la".

A popularidade de Einstein subira a alturas vertiginosas. O sábio não podia fazer o seu passeio diário pelas ruas sem se ver cercado de fotógrafos, repórteres e caçadores de autógrafos. Todos os dias chegavam cestos de correspondência ao pequeno apartamento em Berlim. Estadistas famosos, pacifistas obscuros, trabalhadores desempregados, senhoras incompreendidas — todos lhe escreviam. Einstein era vítima da suprema ironia. "Tornei-me um semideus apesar de mim mesmo". Um jovem adepto ofereceu-se para ser seu discípulo na "meditação cósmi-

ca". Um inventor confiou-lhe os planos de uma nova máquina voadora. Um explorador em perspectiva lhe pediu conselhos sobre uma viagem às florestas asiáticas. Um ator lhe propôs que se tornasse seu empresário. Um manufator de charutos lhe participou que introduziria uma nova marca de charutos a que dera o nome de *Relatividade.*

"O público me trata como se eu fosse um animal novo e estranho no circo do mundo." Sorriu. Procurou continuar a trabalhar tranqüila e modestamente como de costume. Quando o convidaram a falar a um grupo de eminentes cientistas em Oslo, tirou do guarda-roupa um enxovalhado *dinner-jacket* e escovou-o cuidadosamente. "Se alguém achar que eu não estou vestido com bastante elegância", disse à mulher, "vou pregar neste casaco um aviso de que ele acaba de ser escovado." Compareceu a outra das suas conferências — na Universidade de Berlim — com um singelo par de culotes e sandálias. Caminhava pelas ruas de Berlim envolto num velho suéter e em novos sonhos. Que as pessoas com mentalidade de freqüentadores de circo murmurassem e arregalassem os olhos. Einstein continuaria a ser simplesmente ele mesmo.

A sua simplicidade não era uma atitude teatral. Certa vez a rainha da Bélgica o convidou a visitá-la. Sem imaginar que um comitê de recepção constituído por dignitários da corte iria esperá-lo à estação em uma limusine, Einstein desceu do trem com a mala numa das mãos e o violino na outra, e dirigiu-se para o palácio a pé.

Embalde os dignitários o procuraram na estação. Finalmente voltaram à presença da rainha com a notícia de que Einstein, ao parecer, mudara de idéia. Então avistaram o vulto empoeirado de um homenzinho grisalho que vinha pela estrada.

— Por que não se serviu do carro que eu lhe mandei, *Herr Doktor?*— perguntou a rainha.

O hóspede olhou-a com um sorriso de candura.

— Foi uma caminhada muito agradável, Majestade.

Não pedia limusines na sua viagem pela vida. Tudo o que desejava era isso: "uma caminhada agradável". Perturbava-

Acima a 1ª Academia Olympia de Berna: Habicht, Solovine e Einstein. Abaixo na 1ª Conf. Solvay, Bruxelas, 1911.

> “A menor distância entre dois pontos não é uma linha reta.”

se ao ver as multidões ladearem o caminho e obstruírem a paisagem dos seus pensamentos. Faziam-lhe solicitações tão descabidas. Quando o diretor de uma grande revista americana lhe ofereceu uma quantia enorme por um artigo sobre qualquer assunto que desejasse tratar, subiram-lhe aos olhos lágrimas de raiva. “O insolente pensará que eu sou um artista de cinema?”, exclamou para a esposa.

Odiava a riqueza. Não queria saber de dinheiro. “Estou absolutamente convencido de que nenhum dinheiro pode ajudar a humanidade a progredir.” O que o mundo mais necessitava — dizia — nunca se poderia comprar com dinheiro. “O mundo foi assolado pela guerra. Os antigos ódios continuam a fermentar. O que o mundo precisa é de paz permanente e boa vontade constante”.

Terminada a guerra, procurou assentar o seu sonho de paz mundial numa base de realidade. Empreendeu uma série de “conferências de reconciliação” nos países “inimigos”. Num tempo em que era perigoso falar alemão nas ruas de Paris, o cientista explicou em voz suave a sua filosofia cósmica e conquistou as simpatias de toda a assistência para os seus compatriotas alemães. Quando falou numa plataforma em Londres, a muda hostilidade, com que o auditório o recebera a princípio, se converteu em tolerância e por fim se desfez em aplausos estrondosos. A universalidade das idéias de Einstein fazia as pessoas envergonharem-se do seu mesquinho provincianismo. Ele apontava-lhes a trama de uma harmonia interestelar. E predizia que ainda havia de estabelecer-se uma harmonia semelhante entre as nações da Terra.

Entrevistou-se com Aristide Briand, o primeiro-ministro francês, e discutiu com ele a necessidade de um pacto franco-alemão para pôr fim ao ódio. Aceitou o posto de representante da Alemanha no comitê de cooperação intelectual da Liga das Nações, e discutiu com Henri Bergson a estrutura da "Nova República da Decência" que os homens de boa vontade desejavam estabelecer em todo o mundo. "É obvio que nós existimos para os nossos semelhantes — em primeiro lugar, para aqueles de cujos sorrisos e bem-estar depende a nossa felicidade, e depois para todos os que nos são desconhecidos, mas a cujo destino estamos ligados pelos laços da simpatia."

Não faltavam adversários do seu credo. O sábio escapou por um triz de ser assassinado por um nobre russo que abrigava ambições imperialistas. Em todo o mundo, o meigo cientista que não desejava senão a oportunidade de prosseguir os seus silenciosos estudos — a menos que se tratasse de estabelecer uma justiça eqüitativa para os seus semelhantes — se transformou em alvo de ataques políticos. Levantavam-se críticas à sua origem racial. O anti-semitismo se alastrava pela Alemanha do pós-guerra. Einstein ficou horrorizado com a feroz intolerância dos seus compatriotas, mas estava convencido de que, sob uma chefia mais esclarecida, eles poderiam ainda recuperar a cordura dos velhos padrões culturais e morais. Quando viu o seu nome na lista negra dos assassinos da ala direita alemã, cruzou a fronteira e foi refugiar-se na Holanda.

Mas até nesse país tolerante ele encontrou o fermento da inquietação. Com efeito, em todo o mundo a humanidade parecia estar batendo em retirada para a barbárie. As pessoas haviam perdido o senso da proporção. A Sociedade Mark Twain ofereceu-lhe o posto de vice-presidente honorário. Mas, quando soube que a agremiação oferecera igual posto a Benito Mussolini, Einstein rejeitou redondamente essa honra duvidosa.

Fez uma viagem ao Oriente. Na Índia, teve o desgosto de ver milhões de homens vivendo no trabalho escravo e carregando outros homens literalmente nas costas. Recusou tomar parte nessa degradação humana. Em toda a sua viagem, nunca andou num *rickshaw.* Foi à China e viu homens, mulheres e crianças gemerem em voz alta enquanto mourejavam nas fábricas de algodão. Visitou as Ilhas Nipônicas, onde recebeu com desdém as homenagens prestadas pelos adultos. Voltou-se para os meninos japonêeses, de quem aceitou álbuns de desenhos. Escutou-lhes a tagarelice com alegria. "Nas crianças reside a esperança do mundo". Nunca deveriam ser educadas no ódio. Nunca deveriam desprezar as árduas realizações da raça humana. "Esperemos", disse aos seus amiguinhos, "que a vossa geração dê o exemplo à minha."

O filósofo-menestrel errante, com as suas fórmulas matemáticas e o seu violino, percorreu a Palestina, a Espanha e a América Latina. Por fim chegou aos Estados Unidos. E aqui encontrou finalmente um país onde os seres humanos de todas as classes viviam em tolerável camaradagem.

Um dia de novembro de 1932, enquanto Einstein falava a um grupo de cientistas na costa do Pacífico, estalou uma furiosa tempestade de inverno em Berlim. Adolf Hitler assumiu a direção dos negócios do povo alemão.

O governo da Alemanha, esperando alcançar o apoio do "construtor de mundos" para o regime nazista, pediu a Einstein que regressasse. Hitler "fecharia os olhos ao fato de ser ele judeu". Mas Einstein recusou. De modo que Hitler ofereceu um prêmio de vinte mil marcos pela sua cabeça. Um bando de tropas de assalto invadiu-lhe a casa de verão em Caputh, sob a acusação de que Einstein havia reunido grande quantidade de armas e munições para derrubar o governo. Não encontraram nada que se parecesse a uma "arma" no "arsenal", exceto uma velha faca de pão enferrujada pelo desuso.

Escorraçado de sua terra natal — os nazistas receberam "sem pesar" a sua demissão da Universidade de Berlim — Einstein aceitou uma cadeira de professor em Princeton. Ali esperava continuar, pacífica e silenciosamente, o seu velho curso acadêmico de fraternidade humana e sonhos cósmicos.

Atualmente o sábio desfruta a sociedade dos professores, dos alunos, dos habitantes da cidade, do proprietário grego do restaurante, e do italiano que dirige a barbearia de Nassau Street. Recebeu os seus documentos de cidadania. "Sou um americano agora!", observou orgulhoso no dia da sua naturalização. Mostra-se tranqüilo e até otimista, sob a cabeleira revolta que embranqueceu há muito tempo, os olhos sofredores, e a testa cujas rugas profundas o fazem parecer muito mais velho do que é.

Freqüentemente fica sentado na obscuridade do seu gabinete e fuma o seu cachimbo — em excesso, como lhe adverte o médico, pois ele tem o coração fraco e o fumo não lhe faz bem. E Elsa, sua (segunda) mulher, que sempre tomou tanto cuidado em fazê-lo observar os limites prescritos pelo médico, já não existe. A fumaça do cachimbo evola-se em espirais complicadas que desafiam até a argúcia de um matemático. Estranho, inexplicável mistério este universo com as suas espirais de fumaça, os seus turbilhões de nebulosas e as suas gerações de homens odientos e belicosos. Poderá algum cientista chegar, um dia, à solução definitiva? E, sempre que faz a si mesmo esta pergunta, Einstein encontra consolo numa palavra: *Coragem*!

Einstein morreu em 1955. Estava no Hospital de Princeton para tratamento de velhos problemas. Pouco depois da meia-noite do dia 18 de abril, a enfermeira Alberta Rozsel estava de pé ao lado do seu leito, vendo-o respirar com grande dificuldade, enquanto dormia. Correu à porta para chamar um médico quando, de repente, ela ouviu a voz do paciente murmurando algumas palavra em alemão, e correu para o lado da cama. Era tarde demais. O maior cientista do mundo – o homem que conhecia coisas além da compreensão da maioria das pessoas – havia morrido.

Durante a vida de Einstein, tudo o que ele disse foi reverenciado e considerado de valor por todo o mundo, em toda a parte. Ele falara, agora, pela última vez, mas a senhorita Rozsel não compreendia o alemão. Quais foram suas últimas palavras?

Ninguém jamais saberá.

---

(In *Vidas de Grandes Cientistas*, Porto Alegre, Ed. Globo, 1960)

# Como Vejo o Mundo

Minha condição humana me fascina. Conheço o limite de minha existência e ignoro por que estou nesta terra, mas às vezes o pressinto. Pela experiência cotidiana, concreta e intuitiva, eu me descubro vivo para alguns homens, porque o sorriso e a felicidade deles me condicionam inteiramente, mas ainda para outros que, por acaso, descobri terem emoções semelhantes às minhas.

E cada dia, milhares de vezes, sinto minha vida — corpo e alma — integralmente tributária do trabalho dos vivos e dos mortos. Gostaria de dar tanto quanto recebo e não paro de receber. Mas depois experimento o sentimento satisfeito da minha solidão e quase demonstro má consciência ao exigir ainda alguma coisa de outrem. Vejo os homens se diferenciarem pelas classes sociais e sei que nada as justifica a não ser pela violência. Sonho ser acessível e desejável para todos uma vida simples e natural, de corpo e de espírito.

Recuso-me a crer na liberdade e neste conceito filosófico. Eu não sou livre, e sim às vezes constrangido por pressões estranhas a mim, outras vezes por convicções íntimas. Ainda jovem, fiquei impressionado pela máxima de Schopenhauer: "O homem pode, é certo, fazer o que quer, mas não pode querer o que quer"; e hoje, diante do espetáculo aterrador das injustiças humanas, esta moral me tranqüiliza e me educa. Aprendo a tolerar aquilo que me faz sofrer. Suporto então melhor meu sentimento de responsabilidade. Ele já não me esmaga e deixo de me levar, a mim ou aos outros, a sério demais. Vejo então o mundo com bom humor. Não posso me preocupar com o sentido ou a finalidade de minha existência, nem da dos outros, porque, do ponto de vista estritamente objetivo, é absurdo. E no entanto, como homem, alguns ideais dirigem minhas ações e orientam meus juízos. Porque jamais considerei o prazer e a felicidade como um fim em si e deixo este tipo de satisfação aos indivíduos reduzidos a instintos de grupo.

Em compensação, foram ideais que suscitaram meus esforços e me permitiram viver. Chamam-se o bem, a beleza, a verdade. Se não me identifico com outras sensibilidades semelhantes à minha e se não me obstino incansavelmente em perseguir este ideal eternamente inacessível na arte e na ciência, a vida perde todo o sentido para mim. Ora, a humanidade se apaixona por finalidades irrisórias que têm por nome a riqueza, a glória, o luxo. Desde moço já as desprezava.

Tenho forte amor pela justiça, pelo compromisso social. Mas com muita dificuldade me integro com os homens e em suas comunidades. Não lhes sinto a falta porque sou profundamente um solitário. Sinto-me realmente ligado ao Estado, à pátria, a meus amigos, a minha família no sentido completo do termo. Mas meu coração experimenta, diante desses laços, curioso sentimento de estranheza, de afastamento e a idade vem acentuando ainda mais essa distância. Conheço com lucidez e sem prevenção as fronteiras da comunicação e da harmonia entre mim e os outros homens. Com isso perdi algo da ingenuidade ou da inocência, mas ganhei minha independência. Já não mais firmo uma opinião, um hábito ou um julgamento sobre outra pessoa. Testei o homem. É inconsistente.

A virtude republicana corresponde a meu ideal político. Cada vida encarna a dignidade da pessoa humana, e nenhum destino poderá justificar uma exaltação qualquer de quem quer que seja. Ora, o acaso brinca comigo. Porque os homens me testemunham uma incrível e excessiva admiração e veneração. Não quero e não mereço nada. Imagino qual seja a causa profunda, mas quimérica, de seu sentimento. Querem compreender as poucas idéias que descobri. Mas a elas consagrei minha vida, uma vida inteira de esforço ininterrupto.

Fazer, criar, inventar exigem uma unidade de concepção, de direção e de responsabilidade. Reconheço esta evidência. Os cidadãos executantes, porém, não deverão nunca ser obrigados e poderão escolher sempre seu chefe.

Ora, bem depressa e inexoravelmente, um sistema autocrático de domínio se instala e o ideal republicano degenera. A violência fascina os seres moralmente mais fracos. Um tirano vence por seu gênio, mas seu sucessor será sempre um rematado canalha. Por esta razão, luto sem tréguas e apaixonadamente contra os sistemas dessa natureza, contra a Itália fascista de hoje e contra a Rússia soviética de hoje. A atual democracia na Europa naufraga e culpamos por esse naufrágio o desaparecimento da ideologia republicana. Aí vejo duas causas terrivelmente graves. Os chefes de governo não encarnam a estabilidade e o modo da votação se revela impessoal. Ora, creio que os Estados Unidos da América encontraram a solução desse problema. Escolhem um presidente responsável eleito por quatro anos. Governa efetivamente e afirma de verdade seu compromisso. Em compensação, o sistema político europeu se preocupa mais com o cidadão, com o enfermo e o indigente. Nos mecanismos universais, o mecanismo Estado não se impõe como o mais indispensável. Mas é a pessoa humana, livre, criadora e sensível que modela o belo e exalta o sublime, ao passo que as massas continuam arrastadas por uma dança infernal de imbecilidade e de embrutecimento.

A pior das instituições gregárias se intitula exército. Eu o odeio. Se um homem puder sentir qualquer prazer em des-

> “O tempo é relativo e não pode ser medido exatamente do mesmo modo e por toda parte.”

filar aos sons de música, eu desprezo este homem... Não merece um cérebro humano, já que a medula espinhal o satisfaz. Deveríamos fazer desaparecer o mais depressa possível este câncer da civilização. Detesto com todas as forças o heroísmo obrigatório, a violência gratuita e o nacionalismo débil. A guerra é a coisa mais desprezível que existe. Preferiria deixar-me assassinar a participar desta ignomínia.

No entanto, creio profundamente na humanidade. Sei que este câncer de há muito deveria ter sido extirpado. Mas o bom senso dos homens é sistematicamente corrompido. E os culpados são: escola, imprensa, mundo dos negócios, mundo político.

O mistério da vida me causa a mais forte emoção. É o sentimento que suscita a beleza e à verdade, cria a arte e a ciência. Se alguém não conhece esta sensação ou não pode mais experimentar espanto ou surpresa, já é um morto-vivo e seus olhos se cegaram. Aureolada de temor, é a realidade secreta do mistério que constitui também a religião. Homens reconhecem então algo de impenetrável a suas inteligências, conhecem porém as manifestações desta ordem suprema e da Beleza inalterável. Homens se confessam limitados e seu espírito não pode apreender esta perfeição. E este conhecimento e esta confissão tomam o nome de religião. Deste modo, mas somente deste modo, sou profundamente religioso, bem como esses homens. Não posso imaginar um Deus a recompensar e a castigar o objeto de sua criação. Não posso fazer idéia de um ser que sobreviva à morte do corpo. Se semelhantes idéias germinam em um espírito, para mim é ele um fraco, medroso e estupidamente egoísta.

Não me canso de contemplar o mistério da eternidade da vida. Tenho uma intuição da extraordinária construção do ser. Mesmo que o esforço para compreendê-lo fique sempre desproporcionado, vejo a Razão se manifestar na vida.

---

(In *Como Vejo o Mundo*, Rio de Janeiro, Nova Fronteira, 1981)

# Notas Autobiográficas

Aos sessenta e sete anos de idade, preparo-me para escrever algo que é como o meu obituário. Não o faço unicamente devido à insistência do Dr. Schilpp, mas porque na verdade acredito que é válido mostrar àqueles que lutam ao nosso lado uma retrospectiva da nossa própria luta e das nossas pesquisas. Após alguma reflexão, concluí que essa tentativa provavelmente será imperfeita. Pois, por mais breve e limitada que seja a carreira de um homem, e por maior que seja o índice de erro possível, a exposição de tudo aquilo que é digno de ser comunicado não é fácil tarefa — um homem com sessenta e sete anos não é de modo nenhum o mesmo homem que era aos 50, 30 ou 20. Todas as reminiscências são coloridas com os tons do presente, vistas portanto sob uma falsa perspectiva. Essa consideração poderia ser suficiente para me deter.

Contudo, há muita coisa na nossa experiência que não é evidente ao pensamento de muitos.

Quando eu era um jovem razoavelmente precoce, fiquei impressionado com a futilidade das esperanças e dos esforços que atormentam incansavelmente os homens durante toda a sua vida. Além disso, muito cedo percebi a crueldade dessa busca, que naquele tempo era muito mais cuidadosamente disfarçada pela hipocrisia e por palavras brilhantes. Todos estavam condenados a participar dessa busca, pela mera existência dos seus estômagos. O estômago talvez se saciasse com essa participação, mas não o homem, na medida em que é um ser pensante e dotado de sentimentos. A primeira válvula de escape era a religião, implantada nas crianças pela máquina educadora tradicional. Assim — embora fosse filho de pais absolutamente não-religiosos (judeus) —, entreguei-me a uma religiosidade profunda, que terminou abruptamente quando tinha apenas doze anos. A leitura de livros científicos populares convenceu-me de que a maioria das histórias da Bíblia não podia ser real. A conseqüência foi uma orgia positivamente fanática de livre-pensamento, combinada com a impressão de que a juventude é decididamente enganada pelo Estado, com mentiras; foi uma descoberta esmagadora. Essa experiência fez com que passasse a desconfiar de todo tipo de autoridade, adotando uma atitude cética quanto às convicções vigentes em qualquer ambiente social específico — uma atitude que jamais abandonei, embora mais tarde tenha sido amenizada por uma visão mais perfeita das conexões causais.

É evidente para mim que o paraíso religioso da juventude, assim perdido, foi a primeira tentativa para me libertar das cadeias do "mero individualismo", de uma existência dominada por desejos, esperanças e sentimentos primários. Além de mim, fora de mim, estava o mundo imenso, que existe independente dos seres humanos e que se nos apresenta como um enorme e eterno enigma, em parte acessível à nossa observação e ao nosso pensamento. A contemplação desse mundo acenava-me como uma força libertadora, e percebi que muitos daqueles a quem aprendera a respeitar e admirar haviam encontrado, por esse meio, a liberdade interior e a segurança. A conquista mental desse mundo extra-individual dentro dos limites da capacidade



Mileva ao lado de Einstein e seus dois filhos Edward e Hans Albert, 1914.

humana se me apresentava meio consciente e meio inconscientemente como o objetivo supremo. Os homens do presente e do passado, similarmente motivados, bem como os conhecimentos que tinham adquirido, eram dignos de ser cultivados como amigos. O caminho para esse paraíso não era tão confortável e tão atraente quanto o que levava ao paraíso religioso; mas provou ser digno de confiança e jamais me arrependi de tê-lo escolhido.

O que afirmei acima é verdadeiro apenas em certo sentido, do mesmo modo que algumas linhas de um esboço mostram um objeto complicado, cheio de detalhes, apenas até certo ponto. Se um indivíduo cultiva pensamentos ordenados, é bem possível que essa parte da sua natureza venha a se tornar mais pronunciada à custa das outras partes, determinando assim a sua mentalidade. Neste caso, pode acontecer que o indivíduo veja, em retrospecto, um desenvolvimento sistematicamente uniforme, enquanto as experiências atuais se processam em situações caleidoscópicas especiais. A grande variedade das situações externas e o estreito campo do conteúdo momentâneo de conhecimento consciente criam uma espécie de atomização da vida de todo ser humano. Para um homem do meu tipo, o ponto decisivo do desenvolvimento encontra-se no desengajamento gradual do centro de interesse para um grau muito além do momentâneo e do puramente individual, voltando-se para a conquista de uma compreensão conceitual das coisas. Sob esse ponto de vista, as afirmações esquemáticas feitas acima contêm toda a verdade que pode ser exposta do modo mais breve.

O que, exatamente, é o pensamento?

Quando, na percepção das impressões sensoriais, emergem figuras da memória, isto ainda não é "pensar". E quando esses quadros formam seqüências, cada membro criando o outro, isto também ainda não é "pensar". Porém, quando uma certa figura aparece em várias seqüências, nesse caso — precisamente devido a essa recorrência — torna-se um elemento de organização para tais seqüências, no sentido de unir seqüências que por si mesmas não se relacionam entre si. Esse elemento vem a ser um instrumento, um conceito. Creio que a transição da livre associação ou "sonho" para o pensamento caracteriza-se pelo papel mais ou menos importante representado pelo conceito. Não é de modo algum necessário que o conceito esteja ligado a um signo que possa ser reconhecido e reproduzido pelos sentidos (palavra), mas, quando isto se dá, o pensamento torna-se, por esse meio, capaz de ser comunicado.

Com que direito — perguntará o leitor — o homem opera com tal descuido e de forma tão elementar com idéias, nesse reino tão problemático, sem ao menos tentar provar alguma coisa? Minha defesa: todos os nossos pensamentos têm a natureza do jogo livre dos conceitos; a justificativa desse jogo está no grau de compreensão das sensações que podemos alcançar com a sua ajuda. O conceito de "verdade" não pode ainda ser aplicado a essa estrutura; na minha opinião, esse conceito só é aplicável quando temos à mão um acordo (*convenção*) que abrange os elementos e as regras do jogo.

Não tenho dúvidas de que o nosso pensamento se processa, na maior parte das vezes, sem o uso dos signos (palavras) e, além disso, em grande parte inconscientemente. Se assim não fosse, como seria possível "lembrarmos com estranheza" e de forma espontânea uma determinada experiência? Essa "lembrança inquisitiva" pode ocorrer quando a experiência está em conflito com conceitos bem estabelecidos em nossa mente. Sempre que experimentamos esse conflito aguda e intensamente, ele reage contra nosso mundo mental de modo decisivo. O desenvolvimento desse mundo mental é, em certo sentido, uma fuga constante do "pensamento de estranheza".

Aos 4 ou 5 anos, experimentei esse sentimento quando meu pai mostrou-me uma bússola. O fato de a agulha comportar-se de uma certa forma não se encaixava entre os tipos de ocorrências que podiam ser colocados no mundo inconsciente dos conceitos (eficácia produzida pelo "toque" direto). Lembro-me ainda — ou pelo menos creio que me lembro — que essa experiência causou-me uma impressão profunda e duradoura. Devia haver algo escondido nas profundezas das coisas. Aquilo que o homem conhece desde a infância não provoca esse tipo de reação; não se surpreende com o vento e a chuva, com a Lua, nem com o fato de essa mesma Lua não cair do céu, ou com as diferenças entre a matéria viva e a matéria sem vida.

Aos doze anos experimentei minha segunda sensação de espanto, de natureza completamente diversa da primeira, provocada por um livrinho de geometria plana de Euclides, que veio ter às minhas mãos no início do ano escolar. Ali estavam afirmações como, por exemplo, a intersecção das três alturas do triângulo num determinado ponto que — embora não fosse evidente — podia ser provada com tal certeza que qualquer dúvida estava fora de cogitação. Esta certeza lúcida impressionou-me profundamente. O fato de os axiomas serem aceitos sem prova não me perturbou. De qualquer forma, era bastante poder basear as provas em proposições cuja validade me parecia livre de qualquer dúvida. Por exemplo, lembro-me que um tio me falou sobre o teorema de Pitágoras antes que eu tivesse lido o livrinho sagrado de geometria. Com muito esforço consegui "provar" esse teorema, tomando como base a similaridade dos triângulos; parecia-me "evidente" que as relações dos lados dos triângulos de ângulos retos teriam de ser completamente determinadas por um dos ângulos agudos. Para mim, apenas as idéias que não eram evidentes dessa forma precisavam ser provadas. Além disso, os objetos tratados pela geometria não me pareciam diferentes dos objetos da percepção sensorial "que podem ser vistos e tocados". Esse conceito primário, que provavelmente está no fundo da conhecida crítica de Kant sobre a possibilidade de "julgamentos sintéticos *a priori*", repousa obviamente no fato de que a relação dos conceitos geométricos com os objetos da experiência direta (barra rígida, intervalo finito etc.) existia no inconsciente.

Assim, se aparentemente é

possível chegar-se a um conhecimento dos objetos da experiência por meio do pensamento puro, essa "estranheza" tinha como base o erro. Contudo, para quem a experimenta pela primeira vez, parece maravilhoso o homem ser capaz de alcançar tal grau de certeza e de pureza de pensamento, como nos demonstraram os gregos com sua geometria.

---

(In *Notas Autobiográficas*, Rio de Janeiro, Nova Fronteira, 1982)

# A Unidade da Vida

Sou por natureza inimigo das dualidades. Dois fenômenos ou dois conceitos que parecem opostos ou diversos me ofendem. Minha mente tem um objetivo supremo: suprimir as diferenças. Assim agindo permaneço fiel ao espírito da ciência que, desde o tempo dos gregos, sempre aspirou à unidade. Na vida, como na arte, assim é também. O amor tende a fazer de duas pessoas um único ser. A poesia, com o uso perpétuo de metáfora que assimila objetos diversos, pressupõe a identidade de todas as coisas.

Nas ciências, esse processo de unificação deu um passo gigantesco. A Astronomia, desde o tempo de Galileu e de Newton, converteu-se em uma parte da Física. Riemann, o verdadeiro criador da geometria neo-euclidiana, reduziu a geometria clássica à Física, as investigações de Nernst e de Max Born transformaram a química num capítulo de Física e, como Laeb reduziu a Biologia a fatos químicos, é fácil deduzir que mesmo a Biologia não é, no fundo, senão um parágrafo da Física.

Mas na Física existiam, até há pouco tempo, dados que pareciam irredutíveis manifestações distintas de uma entidade ou de grupos de fenômenos como, por exemplo, o tempo e o espaço, a massa inerte e a massa pesada, isto é, sujeita à gravitação; e os fenômenos elétricos e os magnéticos, diferentes, por sua vez, dos da luz.

**“ Sem a convicção de uma harmonia íntima do Universo, não poderia haver ciência. ”**

Nestes últimos anos estas manifestações se hão desvanecido e se suprimiram estas distinções. Não somente demonstrei que o espaço absoluto e o tempo universal carecem de sentido, como também deduzi que o espaço absoluto e o tempo são aspectos indissolúveis de uma única realidade. Há muito tempo Faraday havia estabelecido a identidade dos fenômenos elétricos e dos magnéticos, e mais tarde as experiências de Maxwell e de Lorentz assimilaram a luz ao eletromagnetismo. Permaneciam, pois, opostos, na Física moderna, dois campos apenas: o campo da gravitação e o campo eletromagnético. Mas finalmente consegui demonstrar que também estes constituem dois aspectos de uma realidade única. É minha última descoberta: “A teoria do campo unitário”. Agora, espaço, tempo, matéria, energia, luz, eletricidade, inércia, gravitação não são mais que nomes diversos de uma mesma e homogênea atividade. Todas as ciências se reduzem à Física: podem reduzir-se agora a uma única fórmula. Esta fórmula, traduzida para a linguagem vulgar, poderia expressar-se assim: “Alguma coisa se move”. Estas palavras são a última síntese do pensamento humano.

Parece surpreendente a aparente singeleza deste capítulo supremo? Milhares de anos de investigações e de teorias para chegar a uma conclusão que parece um lugar comum da experiência mais vulgar?

Reconheço que essa natureza é em parte justificável. Não obstante, o esforço de síntese de tantos gênios da ciência leva a isto e nada mais. Algo se movimenta. No começo — disse São João — era o Verbo. No começo — contesta Goethe — era a Ação. No começo e no fim — digo eu — era o Movimento. Não podemos dizer nem saber mais. Se o fruto definitivo do saber humano parece uma vulgaríssima sorva, a culpa não é minha. À força de unificar é necessário obter algo incrivelmente simples.

---

(O *Estado de S.Paulo*, Suplemento Cultural, nº 123, 11/3/79)

# Ciência e Religião

Durante o século passado, e parte do anterior, grande número de pessoas acreditava haver um conflito irreconciliável entre conhecimento e crença. Nos meios mais avançados prevalecia a opinião de que já era tempo de substituir a crença pelo conhecimento; a crença que não se baseasse no conhecimento era superstição, e como tal tinha de ser combatida. De acordo com esse conceito, a única função da educação era abrir caminho para o pensamento e para o conhecimento, e a escola, como o órgão mais importante da educação do povo, tinha que servir exclusivamente a esse fim.

É provável que só excepcionalmente se encontre o ponto de vista racionalista expresso dessa forma tão crassa; pois qualquer homem sensato pode ver logo o quanto é unilateral essa definição. Mas, parece que vale a pena enunciar uma tese nua e cruamente, quando se deseja esclarecer sua natureza diante da própria mente.

É verdade que as convicções podem ser mais bem defendidas com a experiência e a clareza de pensamento. Neste ponto temos de concordar, sem quaisquer reservas, com o racionalista mais extremado. O ponto fraco desse conceito, contudo, é que as convicções necessárias e determinantes da nossa conduta e julgamentos não podem ser encontradas exclusivamente no sólido ca-

minho da Ciência. Pois o método científico nada mais nos pode ensinar além de como se relacionam os fatos, e como se condicionam uns aos outros.

A aspiração a esse conhecimento objetivo pertence ao que há de mais elevado na capacidade do homem, e ninguém poderia supor que eu desejasse menosprezar as realizações e os esforços heróicos do homem nessa esfera. Contudo, também é óbvio que o conhecimento do que *é* não nos abre as portas diretamente ao que *deveria ser*. Pode-se ter o melhor e mais completo conhecimento do que *é* e, contudo, não ser capaz de deduzir daí qual *deveria ser* o objetivo final de nossas aspirações humanas. O conhecimento objetivo fornece-nos poderosos instrumentos para alcançar determinados fins, mas a determinação do objetivo final e o desejo de alcançá-lo devem vir de outra fonte. Dificilmente seria necessário defender o ponto de vista de que nossa existência e nossa atividade só adquirem sentido pelo estabelecimento de tal objetivo e seus valores correspondentes. O conhecimento da verdade em si é maravilhoso, mas é tão pouco capaz de agir como guia, que não consegue provar sequer a justificativa e o valor da aspiração por esse mesmo conhecimento da verdade. Aqui nos defrontamos, pois, com os limites da concepção puramente racional da existência.

Mas não se deve achar que o pensamento inteligente não deva tomar parte na formação do objetivo e dos julgamentos éticos. Quando alguém percebe que para alcançar um fim certos meios seriam eficazes, os meios se transformam em fins. A inteligência evidencia a inter-relação entre meios e fins. Mas o mero pensamento não nos pode dar a percepção dos fins últimos e fundamentais. Esclarecer esses fins fundamentais e avaliações, e integrá-los à vida emocional do indivíduo, parece-me ser precisamente a função mais importante que a religião pode desempenhar na vida social do homem. E se alguém pergunta de onde deriva a autoridade de tais fins fundamentais, uma vez que não podem ser declarados e justificados meramente pela razão, só se pode responder: eles existem numa sociedade sadia

Einstein, Doutor Honoris Causa pela Universidade de Manchester.

como tradições poderosas, que atuam sobre a conduta e as aspirações e os julgamentos dos indivíduos; estão aí, isto é, existem, como algo vivente, sem que seja necessário encontrar justificativa para sua existência. Nascem não pela demonstração, mas pela revelação, através da atuação de poderosas personalidades. Não se deve tentar justificá-los, mas, sim, perceber sua natureza com simplicidade e clarividência.

Os mais elevados princípios de nossas aspirações e julgamentos nos são fornecidos pela tradição religiosa judaico-cristã. Trata-se de um objetivo muito elevado que, com nossos escassos poderes, só podemos alcançar muito inadequadamente, mas que nos dão um fundamento firme para nossas aspirações e avaliações. Se esse objetivo fosse retirado de seu contexto religioso e fosse considerado apenas por seu conteúdo puramente humano, poderia ser enunciado talvez assim: desenvolvimento livre e responsável do indivíduo, de tal modo que ele possa colocar seus poderes, livre e prazerosamente, a serviço de toda a humanidade.

Não há lugar nesse objetivo para a divinização de uma nação, nem de uma classe, e muito menos de um indivíduo. Não somos todos filhos do mesmo pai, como se diz na linguagem religiosa? De fato, até a divinização da humanidade, como totalidade abstrata, não estaria no espírito desse ideal. É apenas ao indivíduo que uma alma é doada. E o elevado destino do indivíduo é servir, e não governar, ou impor-se de qualquer outra maneira.

Se observarmos a substância em vez da forma, poderemos tomar essas palavras como a expressão também da posição fundamentalmente democrática. Ao verdadeiro democrata é totalmente impossível adorar a sua nação, tanto quanto o é para o homem religioso, em nosso sentido da palavra.

Então, em tudo isso, qual seria a função da educação e da escola? Ambas deveriam ajudar o jovem a crescer num tal estado de espírito que esses princípios fundamentais fossem para ele como o ar que respira. O ensino, por si só, não consegue fazer isso.

Se mantemos esses elevados

princípios claramente diante de nossos olhos, e os comparamos com a vida e o espírito de nossos dias, então vemos com nitidez cristalina que o homem civilizado se encontra atualmente em grave perigo. Nos Estados totalitários são os próprios ditadores que se esforçam para realmente destruir o espírito da humanidade. Em áreas menos ameaçadas é o nacionalismo e a intolerância, assim como a opressão dos indivíduos pelos meios econômicos, que ameaçam sufocar essas tradições tão preciosas.

A percepção da extensão do perigo está aumentando, contudo, entre as pessoas que pensam, e há muita procura pelos meios com que se poderá enfrentar esse perigo — meios no campo da política nacional e internacional, da legislação, da organização em geral. Tais esforços são, sem dúvida, altamente necessários. No entanto, os antigos sabiam algo de que parecemos nos esquecer. Todos os meios resultam ser instrumentos inúteis, quando não têm detrás de si um espírito vivente. Mas, se o desejo pela concretização do objetivo está poderosamente vivo dentro de nós, não nos faltará a força para encontrar os meios de alcançar o objetivo e para traduzi-lo em ação.

Não seria difícil chegar a um acordo a respeito do que entendemos por Ciência. A Ciência é o secular esforço para reunir, por meio do pensamento sistemático, os fenômenos perceptíveis desse mundo numa associação tão completa quanto possível. Para falar sem rodeios, é a tentativa de reconstrução posterior da existência pelo processo de conceitualização. Mas, quando me pergunto o que é a religião, não consigo pensar numa resposta com a mesma rapidez. E mesmo depois de encontrar uma resposta que me satisfaça num determinado momento, continuo convencido de que nunca poderei, em nenhuma circunstância, coadunar, ainda que superficialmente, as respostas de todos os que dedicaram a essa pergunta a seriedade de sua consideração.

A princípio, portanto, em vez de perguntar o que é a religião, prefiro perguntar o que caracteriza as aspirações de uma pessoa que me dá a impressão de ser religiosa. Uma pessoa que é religiosa esclarecida parece-me ser a que, dentro de sua potencialidade máxima, conseguiu se liberar das cadeias de seus desejos egoístas e se preocupar com pensamentos, sentimentos e aspirações a que adere devido aos seus valores suprapessoais. Parece-me que o importante é a força desse conteúdo suprapessoal e a profundidade da convicção concernente ao seu significado dominante, independente de qualquer tentativa de unir tal contéudo a um ser divino, pois, do contrário, não seria possível contar com Buda e Spinoza como personalidades religiosas. Da mesma maneira, uma pessoa religiosa é devota no sentido em que ela não tem dúvida quanto à importância e sublimidade desses objetivos e fins suprapessoais, que não exigem, nem são capazes de ter fundamento racional. Existem com a mesma necessidade e naturalidade com que ela, a própria pessoa, existe. Nesse sentido a religião é o esforço milenar da humanidade para tornar-se, clara e completamente, consciente desses valores e objetivos e de constantemente fortalecer e expandir seus efeitos. Se a religião e a Ciência são concebidas de acordo com essas definições, o conflito entre elas parece-me impossível. Pois a Ciência só pode assegurar o que *é*, mas não o que *deveria ser*, e fora de seu domínio os julgamentos de valores de todos os tipos permanecem necessários. A religião, por outro lado, lida apenas com a avaliação do pensamento e da ação humana: não pode, justificadamente, falar de fatos ou relações entre os fatos. De acordo com esta interpretação, os conflitos conhecidos entre religião e Ciência no passado devem ser atribuídos a uma interpretação errônea da situação descrita.

Por exemplo, um conflito surge quando a comunidade religiosa insiste na absoluta veracidade de todas as afirmações registradas na *Bíblia*. Isto significa uma interferência por parte da religião na esfera das ciências; é nesse campo que as lutas da Igreja contra as doutrinas de Galileu e de Darwin se colocam. Por outro lado, os representantes da Ciência muitas vezes tentaram chegar à julgamentos fundamentais com respeito a valores e fins, com base no método científico, e, desta forma, se colocaram em oposição à religião. Tais conflitos nasceram, todos, de enganos fatais.

Ora, ainda que os domínios da religião e da Ciência estejam, por si mesmos, nitidamente demarcados, existem contudo, entre ambos, fortes relações e dependências recíprocas. Embora seja a religião que determine o objetivo final, foi com a Ciência, contudo, que ela aprendeu, em sentido lato, quais os melhores meios que haverão de contribuir para alcançar os objetivos visados. Mas a Ciência só pode ser criada por aqueles que estão totalmente imbuídos da aspiração pela verdade e pelo entendimento. Esta fonte de sentimento, contudo, nasce da esfera da religião. A ela também pertence a fé na possibilidade de que os regulamentos válidos para o mundo da existência sejam racionais, isto é, compreensíveis à razão. Não posso conceber um verdadeiro cientista sem essa fé profunda. A situação pode ser expressa por uma imagem: a Ciência sem a religião é aleijada, a religião sem a Ciência é cega.

Embora tenha afirmado acima que, na realidade, um conflito legítimo entre religião e Ciência não pode existir, tenho que qualificar essa afirmação, uma vez mais, sobre um ponto essencial, com referência ao conteúdo factual das religiões históricas. Esta qualificação tem a ver com o conceito de Deus. Durante o período jovem da evolução espiritual da humanidade, a fantasia humana criou deuses à imagem do próprio homem, os quais, por obra de suas vontades, poderiam determinar, ou pelo menos influenciar, o mundo dos fenômenos. O homem procurava alterar a disposição desses deuses em seu próprio favor por meio da magia e da oração. A idéia de Deus nas religiões ensinadas atualmente é a sublimação desse velho conceito dos deuses. Seu caráter antropomórfico aparece, por exemplo, no fato dos homens apelarem ao Ser Divino em oração e súplicas pela realização de seus desejos.

Ninguém, certamente, negará que a idéia da existência de um Deus pessoal, onipotente, justo e omnibeneficente seja capaz de fornecer ao homem

“Às vezes me pergunto como pôde ter acontecido de eu ter sido o único a desenvolver a Teoria da Relatividade. A razão, creio eu, é que um adulto normal nunca pára para pensar sobre problemas de espaço e tempo.”

consolo, ajuda e orientação; também em virtude de sua simplicidade essa idéia é acessível à mente menos desenvolvida. Mas, por outro lado, há pontos fracos decisivos ligados à idéia em si, os quais foram penosamente percebidos desde o começo da história. Por exemplo, se este ser é onipotente, então todas as ocorrências, inclusive todas as ações humanas, todos os pensamentos e todos os sentimentos e aspirações humanas são também obra Sua; como é possível pensar em responsabilizar os homens por seus atos e pensamentos diante de um Ser todo-poderoso? Ao distribuir castigos e recompensas, Ele estaria, de certa forma, julgando-se a Si mesmo... Como combinar isso com a bondade e a retidão atribuídas a Ele?

A fonte principal dos conflitos atuais entre as esferas da religião e da Ciência está neste conceito de um Deus pessoal. É alvo da Ciência estabelecer regras gerais que determinem a conexão recíproca dos objetos e dos acontecimentos no tempo e no espaço. Para essas regras, ou leis da Natureza, exige-se absoluta validade, geralmente não comprovada. Trata-se principalmente de um pro-



Carta de Einstein a Maurice Solovine, 1921.

19. III. 21.

Lieber Solovine!

Besten Dank für den famosen Artikel und Ihren Vorschlag. Ich kann aber von mir aus nicht in die Zeitung schreiben. Dies verstösst gegen meine geheiligten Prinzipien und Gewohnheiten. Nur auf Anfrage hin könnte ich mich äussern, wozu es aber zu spät ist, da ich übermorgen abreise. Übrigens haben Sie mich nicht recht verstanden. Ich habe <u>kein</u> Vorwort zu dem X.. geschrieben, <u>sondern er hat es gefälscht</u>, wobei er allerdings unter anderem einige von mir Sätze aus einem Brief benutzt hat. Es wäre mir sehr recht, wenn dieser Sachverhalt bekannt würde.

Es grüsst Sie bestens

Ihr A. Einstein

grama, e a fé na possibilidade de sua realização, em princípio, é apenas fundamentada em êxitos parciais. Mas dificilmente se poderia encontrar alguém que negasse esses êxitos parciais e os atribuísse ao desejo humano de auto-iludir-se. O fato de que, na base dessas leis, somos capazes de prever o comportamento temporal dos fenômenos em certos setores com grande precisão e certeza está profundamente arraigado na consciência do homem moderno, ainda que ele possa ter entendido muito pouco a respeito do conteúdo dessas leis. Basta que ele considere que os cursos dos planetas dentro do sistema solar podem ser antecipadamente calculados com grande exatidão na base de um número limitado de leis simples. De modo semelhante, embora sem a mesma precisão, é possível calcular antecipadamente o modo de operação de um motor elétrico, de um sistema de transmissão, ou de um rádio, mesmo quando se está lidando com um tipo recentemente desenvolvido.

Para dizer a verdade, quando o número de fatores em jogo num complexo fenomenológico é demasiado grande, o método científico falha na maioria dos casos. Basta pensar no tempo atmosférico, em que a previsão até mesmo para uns poucos dias antecipados é impossível. No entanto ninguém duvida que nos estamos defrontando com uma concepção causal cujos componentes causais são, em sua quase totalidade, conhecidos. As ocorrências nesse domínio estão fora do alcance da previsão exata devido à variedade de fatores em operação, e não devido a alguma falta de ordem na natureza.

Penetramos com muito menos profundidade nas regularidades que se obtêm dentro do âmbito das coisas vivas, mas com suficiente profundidade, no entanto, para perceber pelo menos a regra da necessidade fixa. Basta pensar na ordem sistemática da hereditariedade e no efeito dos venenos, como por exemplo o álcool, no comportamento dos seres orgânicos. O que nos falta aqui é a compreensão das conexões de generalidade profunda, mas não o conhecimento da ordem em si.

Quanto mais um homem está imbuído da regularidade ordenada de todos os acontecimentos, tanto mais firme se torna sua convicção de que não há lugar, à parte dessa regularidade ordenada, para causas de natureza diferente. Para esse homem, nem a lei da vontade humana, nem a lei da vontade divina existem como causas independentes de acontecimentos naturais. É incontestável que a doutrina de um Deus pessoal que interfere com acontecimentos naturais nunca pode ser *refutada*, no sentido real do termo, pela Ciência, pois essa doutrina sempre se pode refugiar naqueles domínios em que o conhecimento científico ainda não foi capaz de afirmar-se.

Mas estou persuadido de que tal comportamento por parte dos representantes da religião seria não apenas indigno, mas também fatal. Pois uma doutrina que só consegue se manter, não à luz clara, mas na escuridão, necessariamente perderá seu efeito sobre a humanidade, trazendo incalculável prejuízo ao progresso humano. Em sua luta pelo bem ético, os professores de religião devem adquirir estatura para abdicar da doutrina de um Deus pessoal, isto é, abdicar da fonte de medo e esperança que no passado colocou um poder tão enorme nas mãos dos sacerdotes. Em seus esforços eles terão de lançar mão daquelas forças que são capazes de cultivar o Bem, o Verdadeiro e o Belo na própria humanidade. Esta é, certamente, uma tarefa mais difícil, mas incomparavelmente mais valiosa. Depois que os professores de religião conseguirem concluir esse processo de refinamento indicado, eles certamente reconhecerão com alegria que a verdadeira religião foi enobrecida e tornada mais profunda pelo conhecimento científico.

Se um dos objetivos da religião é liberar a humanidade, tanto quanto possível, da escravidão dos desejos egocêntricos, ambições e medos, o raciocínio científico pode ajudar a religião em outro sentido ainda. Embora seja verdade que o alvo da Ciência é descobrir regras que permitam a associação e a previsão de fatos, este não é seu único objetivo. A Ciência também procura reduzir as conexões descobertas ao menor número possível de elementos conceituais mutuamente independentes. É nessa busca pela unificação racional da multiplicidade que a Ciência encontra seus maiores êxitos, ainda que seja precisamente esta tentativa que a faz correr o maior risco de ser vítima de ilusões. Mas quem quer que tenha passado pela experiência intensa de avanços bem sucedidos feitos nesse domínio, comove-se com a profunda reverência pela racionalidade manifestada na existência. Através do entendimento ele chega à emancipação, de largo alcance, dos grilhões das esperanças e desejos pessoais, e por meio dela alcança aquela atitude humilde diante da grandiosidade da razão encarnada na existência, a qual, em sua maior profundidade, é inacessível ao homem. Tal atitude, no entanto, parece-me religiosa no mais elevado sentido da palavra. E, assim, opino que a Ciência não apenas purifica o impulso religioso do azinhavre de seu antropomorfismo, mas contribui também para uma espiritualização religiosa de nossa compreensão da vida.

Quanto mais avança a evolução espiritual da humanidade, tanto mais garantido me parece que o caminho para a religiosidade genuína não passa pelo medo da vida, nem pelo medo da morte, nem pela fé cega, mas pelo esforço por atingir o conhecimento racional. Neste sentido creio que o sacerdote tem que se tornar professor, se deseja fazer jus à sua sublime missão educativa.

---

(In *Albert Einstein — pensamento político e últimas conclusões*, São Paulo, Brasiliense, 1983)

# Algumas Cartas

*Nos vinte e dois anos que viveu em Princeton, Einstein manteve contínua correspondência com a rainha Elizabeth, da Bélgica. Nas cartas — algumas estão entre os mais belos escritos de Einstein — encontra-se referência à maioria dos assuntos pessoais e sociais que o preocuparam nos últimos anos de vida. Essas cartas começam um mês depois da*

"O Universo tem forma cilíndrica, e não esférica."

*chegada de Einstein a Princeton, em 1933, e cessam um mês antes de sua morte, em 1955. Eis algumas delas:*

20 de novembro de 1933
Prezada Rainha

Há muito deveria eu ter-lhe escrito e, por certo, o teria feito, não fosse a senhora uma rainha. Não percebo claramente por que esse fato constitui um obstáculo. Contudo, problemas dessa ordem dizem mais respeito ao campo do psicólogo. A maioria de nós prefere olhar para fora e não para dentro de si próprio; e isso porque, na última hipótese, vê apenas uma cavidade sombria, ou seja, absolutamente nada.

Desde que deixei a Bélgica, tenho sido alvo, direta e indiretamente, de muitas atenções. Tanto quanto possível, tenho observado o sábio conselho dos que me recomendavam manter silêncio quanto a questões políticas e negócios públicos — e isso não devido ao fato de recear por mim, mas devido ao fato de não enxergar oportunidade de fazer bem... Princeton é um lugarzinho agradável, cidadezinha exótica e formal de insignificantes semideuses de pernas de pau. Não obstante, ignorando certas convenções sociais, pude criar, para mim, uma atmosfera favorável ao estudo e à margem de distrações. Aqui, as pessoas que compõem a chamada "sociedade" gozam de liberdade ainda menor que a de seus correspondentes na Europa. Aparentemente, não se dão conta dessa restrição, pois a maneira de vida adotada tende a inibir, desde a infância, o desenvolvimento da personalidade. Se a civilização entrasse em colapso na Europa, a desolação intelectual resultante seria tão profunda como a que se seguiu ao colapso da Grécia. Trágica ironia é a de que a mais importante qualidade, responsável pelo encanto e valor singulares da civilização européia — a auto-afirmação individual e dos vários grupos nacionalistas — pode conduzir à discórdia e à decadência.

*No dia 17 de fevereiro de 1934, o rei Albert perdeu a vida em um acidente de alpinismo, sendo sucedido por seu filho, Leopoldo III. Einstein soube que a agora rainha-mãe encontrava alívio e consolação na arte e, em 16 de fevereiro de 1935, escreveu-lhe:*

... Entre meus amigos europeus, sou conhecido como "o grande rosto de pedra" (*der grosse Schweiger* — toda correspondência de Einstein com Elizabeth e, em essência, tudo que escreveu está redigido em alemão), cognome que mereço por ter permanecido tão completamente silencioso. Os sombrios e dolorosos acontecimentos que se registraram na Europa me afetaram a tal ponto que não parece possível que de minha pena voltem a sair palavras de feição pessoal. Encerrei-me em problemas científicos insolúveis — tanto mais que, envelhecido, tenho permanecido à margem da sociedade local.

*E, fazendo referência aos trabalhos da rainha no campo artístico, prossegue:*

Conheço, por meus próprios esforços no terreno da ciência, o efeito que esse tipo de trabalho tem sobre nós. Tensão e fadiga sucedem-se uma à outra, qual se dá quando alguém busca pertinazmente escalar montanha, sem ter como alcançar-lhe o pico. Preocupação intensa com coisas diferentes das coisas humanas torna a pessoa independente das vicissitudes do destino; é uma disciplina cruel que nos recorda continuamente a insuficiência de nossas capacidades.

Por vezes, lembro, com nostalgia, horas felizes do passado e sinto a tentação de visitar a Europa; tantos são, porém, os encargos que aí pesariam sobre mim que me parece impossível encontrar coragem para concretizar esse projeto.

*No dia 9 de janeiro de 1939, Einstein escreveu à rainha Elizabeth, pedindo-lhe ajuda em favor de um primo idoso que se encontrava na Alemanha e desejava emigrar para a Bélgica; e acrescentou:*

Tenho estado tão perturbado que não posso escrever com boa disposição. O declínio moral que nos vemos compelidos a testemunhar e o sofrimento que ele engendra são tão opressivos que não podemos ignorá-los nem sequer por um momento. Por mais profundamente que se mergulhe no trabalho, persiste obsedante sensação de tragédia inevitável.

Não obstante, há momentos em que nos damos por livres da identificação com as limitações e insuficiências humanas. Nesses momentos, imaginamos estar em algum local de um pequeno planeta, contemplando, maravilhados, a beleza fria, mas fundamente tocante, do eterno, do insondável: a vida e a morte fazem-se uma e não há evolução, nem destino — é o puro ser.

Foi frutífero o trabalho no ano passado. Encontrei caminho promissor, que sigo penosa, mas inflexivelmente, em companhia de alguns jovens colaboradores. Se o caminho me conduzirá à verdade ou à falácia é algo que talvez eu não possa definir com certeza nos poucos anos que me restam.

Sou porém grato ao destino, que fez de minha vida uma experiência excitante, de sorte que a existência parece revestir-se de sentido.

*No verão seguinte, Einstein foi a Peconic, Long Island, onde passeou de barco e executou música de câmara com vizinhos. No dia 12 de agosto de 1939, escreveu a Elizabeth:*

Não fossem os jornais e as inúmeras cartas e eu dificilmente me daria conta de que vivo num tempo em que o desajustamento e a crueldade humanos atingem proporções assustadoras.

Talvez que algum dia a solidão venha a ser adequadamente reconhecida e apreciada como mestra da personalidade. Há muito que os orientais o sabem. O indivíduo que teve experiência da solidão não se torna vítima fácil da sugestão das massas.

*E foi em sua casa de verão, em Old Grove Road, nas proximidades de Peconic, que Einstein assinou carta dirigida a Franklin Roosevelt, prevenindo-o das implicações trazidas pelo descobrimento da fissão nuclear. Essa carta, escrita no dia 2 de agosto, exatamente dez dias antes da carta endereçada a Elizabeth, marcou, sob muitos aspectos, o início solene da Era Nuclear.*

Senhor Presidente

Trabalho recente, realizado por E. Fermi e L. Szilard e a mim dado a conhecer em manuscrito, leva-me a esperar que, em futuro imediato, o elemento urânio possa ser transformado em nova e importante fonte de energia. Certos aspectos da situação parecem exigir atenção e, se necessário, ação rápida por parte da Administração. Creio, portanto, ser meu dever pedir-lhe que atente para os seguintes fatos e recomendações.

Nos últimos quatro meses, fez-se provável — em razão dos trabalhos de Joliot, na França, e de Fermi e Szilard, nos Estados Unidos — que venha a ser possível provocar reações nucleares em cadeia, atingindo vasta massa de urânio, com o que seriam geradas grande quantidade de energia e grande quantidade de elementos semelhantes ao rádio. É quase certo que isso possa ser feito em futuro imediato.

Esse novo fenômeno levaria à construção de bombas e é concebível — embora muito menos certo — que poderia surgir um novo tipo de bombas extremamente poderosas. Uma única dessas bombas, transportada por barco ou feita explodir num porto, destruiria todo o porto e locais vizinhos. Não obstante, é possível que tais bombas venham a ser muito pesadas para admitirem transporte por ar.

Os Estados Unidos da América só dispõem de minérios de urânio pobres e em quantidades reduzidas. Há bom minério no Canadá e na antiga Tchecoslováquia, porém a mais importante fonte de urânio é o Congo Belga.

Tendo em vista a situação, talvez seja desejável haver contato permanente entre a Administração e o grupo de físicos que, no país, vem estudando

Einstein, aos 50 anos, com sua 2ª esposa Elsa e sua enteada Margot.

as reações em cadeia. Meio possível de alcançar esse desiderato seria a indicação, para essa tarefa, de pessoa que goze de sua confiança e que, talvez, não devesse atuar em caráter oficial.

As obrigações seriam as seguintes:

1. Estabelecer contato com os Departamentos, mantendo-os informados de desenvolvimentos registrados e recomendar ação governamental, dando particular atenção ao problema de assegurar suprimento de minério de urânio para os Estados Unidos da América.

2. Apressar os trabalhos experimentais que atualmente vêm sendo feitos dentro dos limites de recursos dos laboratórios da Universidade, assegurando, se isso for necessário, fundos mais amplos, através de contatos com particulares que se mostrem dispostos a contribuir para a causa e, talvez, recorrendo também a laboratórios industriais que dispõem do equipamento necessário.

Entendo que a Alemanha suspendeu a venda do urânio das minas de que se apossou na Tchecoslováquia. Ter ela assim agido talvez se ligue ao fato de o filho do Subsecretário de Estado da Alemanha, von Weizsäcker, atuar junto ao *Kaiser Wilhelm Institut*, em Berlim, onde alguns dos trabalhos norte-americanos a respeito do urânio vêm sendo agora repetidos.

Muito atenciosamente

A. Einstein

*Ao fim da vida, Einstein adoecia com freqüência e, diante da ascensão das forças que, nos Estados Unidos da América, levaram ao macarthismo, sentiu-se cada vez mais distante da política e da sociedade norte-americanas. Em 1951, escreveu, como tantas outras vezes, à rainha-mãe da Bélgica, uma das poucas pessoas a quem ele expressava seus sentimentos mais íntimos:*

Prezada Rainha

Sua saudação calorosa me deu enorme prazer e reavivou lembranças felizes. Cheios de amargos desapontamentos, dezoito ásperos anos se passaram. Todo conforto e alegria vieram daquelas poucas pessoas que permaneceram cora-

> “É estranho que eu, que escrevi apenas livros impopulares, tenha me transformado numa personagem tão popular.”

josas e coerentes. Devido a essas poucas pessoas é que não nos sentimos totalmente estranhos neste mundo.

A senhora é uma delas.

Embora tenha sido possível, afinal e a enorme custo, derrotar o alemães, os caros norte-americanos passaram a ocupar o lugar deles. Quem os trará de volta ao bom senso? Repete-se a calamidade alemã de uns poucos anos atrás: as pessoas aquiescem sem resistir e se alinham com as forças do mal. E olhamos impotentes.

Conquanto muito me agradasse, provavelmente não reverei Bruxelas. Por causa de um especial tipo de popularidade que adquiri, qualquer coisa que eu faça pode transformar-se em ridícula comédia. Quer isso dizer que devo permanecer próximo de minha casa e nunca sair de Princeton.

Abandonei o violino. Com o passar dos anos, tornava-se cada vez mais insuportável ouvir o que eu próprio tocava. Espero que não lhe tenha acontecido o mesmo. O que permaneceu foi a disposição de enfrentar difíceis problemas científicos. A fascinante magia desse trabalho continuará a empolgar-me até meu último suspiro.

Com os melhores votos

A. Einstein

---

(In *As idéias de Einstein*, São Paulo, Cultrix, 1980)

# Albert Einstein: O Homem

**Mário Schenberg**

Albert Einstein é geralmente reconhecido como o maior físico desde Isaac Newton. O eminente físico soviético Lev Landau disse que Einstein ocupava uma posição única na Ciência do nosso século, por ter criado vários ramos fundamentais da Física: como um dos criadores da Mecânica Estatística, da Teoria dos Quanta, da Teoria da Relatividade Restrita e o fundador da Teoria da Relatividade Geral e da nova Cosmologia. A obra de Albert Einstein revolucionou profundamente toda a filosofia da Ciência, provando que os conceitos básicos da Física não podem ser derivados lógica ou indutivamente de fatos experimentais. Segundo Einstein, uma das realizações máximas da Teoria da Relatividade Geral foi a de mostrar que um sistema de conceitos radicalmente diferente do newtoniano podia não só reobter todos os resultados da mecânica newtoniana, mas até aperfeiçoá-los, levando também à criação de problemas antes inexistentes, como os da nova Cosmologia.

As concepções revolucionárias da física einsteiniana levaram também a modificações essenciais da metafísica Ocidental, sobretudo no que tange à

Einstein gostava de ir à pé de sua casa até os edifícios da Universidade, em Princeton.

Filosofia da Natureza, afetando as idéias básicas do Espaço e do Tempo, assim como as de massa e energia, e relacionando de modo tão surpreendente a geometria do espaço-tempo quadridimensional com a distribuição de quantidade de movimento e energia, por meio da lei fundamental da gravitação. Einstein foi, como todos os físicos geniais, um filósofo da Natureza, dotado de uma intuição penetrante e livre, aparentada à pureza de visão dos grandes artistas plásticos e ao senso musical cósmico dos grandes músicos. A sua capacidade de descobrir novos conceitos se aproxima também do poder de dar nomes, em que Hölderlin identificou a missão dos autênticos poetas.

Descobrindo a existência dos fótons, corpúsculos de luz, Einstein abriu caminho para a concepção da dualidade de propriedades corpusculares e ondulatórias da matéria, na Física Quântica, depois estendida aos elétrons e outras partículas por Louis de Broglie e Schrödinger. Compreendeu também que essa dualidade de propriedades da luz estava relacionada com propriedades estatísticas dos corpúsculos luminosos, que mais tarde sugeriram a Max Born a interpretação estatística da mecânica ondulatória. Paradoxalmente, Einstein resistiu obstinadamente ao probabilismo da Mecânica dos Quanta por uma crença profunda de que o Cosmos fosse basicamente determinista.

Einstein admirava muito Spinoza e Schopenhauer. Recentemente vem sendo descoberta uma afinidade profunda entre a cosmovisão de Einstein e a do Avatamsaka budista, a forma mais desenvolvida do Budismo mahayanista, quase desconhecido no Ocidente. É interessante observar que Schopenhauer foi o primeiro grande filósofo ocidental de forte influência budista. O interesse de Einstein pela filosofia oriental parece caracterizar também o pensamento de muitos dos criadores da Mecânica dos Quanta desde Niels Bohr até Heisenberg, Schrödinger e Pauli.

O fenômeno mais impressionante em Einstein, ainda mais do que a sua incomparável genialidade de cientista e filósofo da Natureza, foi a simpatia quase universal que a sua personalidade despertou, mesmo entre

> “Talvez algum dia a solidão venha a ser adequadamente reconhecida e apreciada como mestra da personalidade. Há muito que os orientais o sabem.”

pessoas que pouco ou nada podiam compreender da sua obra. Ele foi uma das maiores personalidades carismáticas do nosso século, juntamente com Lenin, João XXIII e Gandhi. É realmente inesperado que um cientista se torne uma personalidade fortemente carismática. Poder-se-ia talvez estabelecer apenas um paralelismo entre Einstein no século XX e Darwin no século XIX, no domínio das ciências da Natureza. Nos séculos anteriores poderíamos comparar o impacto de Einstein com os de Copérnico e Newton.

Seria interessante comparar os impactos causados por Einstein e Freud sobre o pensamento do século XX. Parece-me que o impacto de Freud se limitou mais ao Ocidente, porquanto filosofias e psicologias do Inconsciente já eram muito familiares em quase todo o mundo não ocidental desde milênios. Parece-me também que, se Freud abriu os limites do pensamento ocidental e de algumas de suas idéias antropológicas, não deixou contribuições tão permanentes como a da lei de equivalência da massa e da energia e da relação entre a energia e a geometria do universo quadridimensional. É também digno de nota que, apesar do enorme impacto da Psicanálise sobre o pensamento e a vida cotidiana do Ocidente, a personalidade de Freud não apresentava um aspecto poderosamente carismático, como a de Einstein.

Um dos aspectos mais impressionantes da personalidade de Einstein foi indiscutivelmente a sua constante preocupação ético-política, cristalizada numa série admirável de corajosas tomadas de posição exemplares, de enorme impacto sobre a vida da Humanidade, desde a primeira Guerra Mundial até a luta contra as armas atômicas do fim de sua vida. Essas atitudes ético-políticas foram o fruto esplendoroso do seu profundo amor pela Humanidade, correspondido por todos os homens dignos deste nome. Ante todos os acontecimentos políticos de importância transcendental, Einstein sentiu-se sempre eticamente obrigado a manifestar-se como um Cidadão do Mundo, falando em nome dos mais altos interesses da Humanidade, mesmo se isso significasse uma oposição decidida ao governo do país de que fosse cidadão. Assim assinou um histórico manifesto contra o "establishment" científico alemão, que apoiara a posição do Kaiser Guilherme II na guerra mundial de 1914-18, apesar da sua cidadania alemã. Após a Segunda Guerra Mundial, tomou posição destemida contra o macartismo norte-americano que ameaçava fascistizar os Estados Unidos no auge da guerra fria, aconselhando os seus amigos intimados a não depor perante o comitê do fascismo americano, orientado por Mac Carthy e Richard Nixon.

Uma das situações mais dolorosas para Einstein se configurou com o problema da bomba atômica. Prevenido por Fermi e Szilard de que os nazistas procuravam construir a bomba atômica, dirigiu-se ao presidente Franklin Roosevelt apontando para o perigo tremendo da situação para toda a Humanidade. Dessa carta resultou o Manhattan Project, e assim a produção das primeiras bombas atômicas, que só foram lançadas sobre o Japão, depois da capitulação da Alemanha nazista, quando o poderio nipônico já fora destruído. As hecatombes de Hiroshima e Nagasaki, com o extermínio de centenas de milhares de vítimas, foram crimes tão hediondos quanto os piores de Adolf Hitler. A bem da verdade, deve ser dito que a eles se opuseram os cientistas do Manhattan Project, que haviam proposto a realização de uma explosão atômica numa ilha deserta, em presença de observadores japoneses, a fim de convencer o militarismo nipônico a capitular sem maior derramamento de sangue.

Albert Einstein não participou dos trabalhos para a produção da bomba atômica, e só tomou conhecimento de que havia sido construída após a destruição de Hiroshima. Einstein ficou profundamente amargurado de ver o seu nome associado ao advento trágico da era nuclear. Juntou-se logo ao movimento dos cientistas que desejavam impedir qualquer novo lançamento de bombas atômicas. Esperou que a emoção mundial permitisse o estabelecimento de um governo mundial que acabasse com as guerras. Suas sugestões e ideais foram ignorados pelos políticos e "estadistas" dos anos da guerra fria, absorvidos pela corrida desenfreada por armas nucleares cada vez mais poderosas e destruidoras.

Foram solitários e sofridos os últimos anos de Albert Einstein. Suas pesquisas não despertaram então maior interesse entre os físicos, que só recomeçaram a se dedicar à Relatividade Geral a partir da década de sessenta, e sobretudo na de setenta, com a descoberta dos buracos negros. Paradoxalmente, nos anos de maior desinteresse pelas suas teorias de campo unificado, surgiu a era dos masers e lasers, realizações tecnológicas de extraordinário interesse, baseadas na emissão estimulada da luz, fenômeno previsto por Einstein nas suas pesquisas teóricas de 1917, anteriores à descoberta da estatística de Bose, que se aplica aos fótons.

Nos últimos anos as descobertas astronômicas trouxeram novas confirmações fundamentais às idéias da Relatividade Geral, em relação à existência dos buracos negros, e agora em relação a existência de ondas gravitacionais. Por outro lado, as teorias de campo unificado quantizado passaram ao centro do interesse da Física Teórica, confirmando, num quadro mais amplo, a importância da idéia de campo unificado, prevista por Einstein há tanto tempo.

As atuais comemorações do centenário do nascimento de Albert Einstein em todos os centros da cultura mundial mostram o quanto a humanidade preza um dos seus maiores filhos. Podemos apenas juntar os nossos votos de que os povos de todos os continentes compreendam a sua esperança de uma unificação de todas as nações na Paz e na cooperação. Cada um de nós pode fazer sua a declaração final do nosso grande mestre: "O que procuro realizar é simplesmente servir com a minha fraca capacidade à verdade e à justiça, sob o risco de não agradar a ninguém."

---

(O Estado de S.Paulo, *Suplemento Cultural, nº 123, 11/3/79.*)

# O Maior Cientista do Século XX: o Homem e o Gênio

**Marco Antonio Filippi**

Quando, no dia 29 de maio de 1919, o mundo inteiro esperava de Versalhes o resultado de uma paz duradoura como ponto final às últimas guerras, um grupo de astrônomos ingleses observava, em Sobral, no Ceará, o eclipse solar, fotografando cuidadosamente as Hiades, as estrelas mais próximas do Sol. Embora insignificante diante dos acontecimentos políticos que tinham lugar na França, a experiência veio mais tarde mostrar-se, talvez, muito mais importante.

Os cientistas ingleses verificaram no Brasil que as estrelas cuja luz passa perto do Sol parecem deslocadas de 1,75 segundo de arco, o que comprova a teoria geral da Relatividade que um jovem sábio alemão formulara oito anos antes.

Seu nome, quase ignorado na ocasião, era Albert Einstein. Mas, como escreveu Ernesto Feder na imprensa da época, o fato de as estrelas consultadas terem dito "sim" a essa descoberta de um pesquisador moço desconhecido, e Mercúrio, o planeta mais chegado ao Sol, ter concordado com a resposta, causou enorme sucesso não só no seio da ciência, mas na imaginação do povo, quase sempre alheio a esses fatos.

Foi a primeira vez que uma doutrina científica, inacessível



Einstein e seu amigo Dr. Plesch, Berlim, 1930.

ao homem comum, logrou tal popularidade. Quando pela primeira vez chegou a Nova York, Einstein causou o mesmo furor que um astro de cinema ou um pugilista campeão do mundo. Fenômeno singular.

Sobre ele, assim se exprimiu Bertrand Russell: "Todo mundo sabe que Einstein fez algo de assombroso, mas bem poucos sabem, ao certo, o que foi que ele fez".

Albert Einstein nasceu a 14 de março de 1879, na pequena mas famosa (por causa dos Meistersingers) cidade alemã de Ulm, perto de Munique, onde Kepler morrera, como se a História tivesse querido ligar o nome de um dos grandes artífices da época científica anterior com o do precursor da nova época.

Tendo passado sua infância em Munique, ele mudou-se depois para a Itália e em seguida para a Suíça, estudando na Escola Politécnica de Zurique, ganhando a vida preparando colegas menos dotados em Matemática e Física.

Não houve nada na infância de Einstein que prognosticasse alguma vocação excepcional, sendo até mais fácil afirmar-se o contrário. Todos os membros da família que conheceram o pequeno Albert, ou que dele ouviram falar por intermédio dos mais velhos, descrevem uma criança medíocre, cuja fala veio com tal atraso que chegou a inquietar os pais. Albert Einstein pareceu conservar até sua morte os vestígios de menino de espírito lento: o horror que nutriu às palavras inúteis, os longos períodos de silêncio e uma ligeira hesitação que marca o início de suas frases, como se se perguntasse se vale a pena falar e, sobretudo, para assimilar o que ouviu e responder.

Dois fatos parecem ter marcado a genialidade de Einstein durante a sua infância: quando contava cerca de cinco anos, recebeu de presente do pai uma pequena bússola. Comumente fleugmático e distraído, deu no entanto mostras de um interesse apaixonado pela pequena agulha que vibrava por si, como acionada por uma força misteriosa. Já então ele se apercebera da relação entre causa e efeito e sabia que alguma coisa se movimentava porque a tocavam, porque do exterior lhe imprimiam um movimento. Um ínfimo germe parece ter sido semeado nesse momento; um segundo impacto produziu-se quando, com 12 anos, teve em mãos um pequeno livro da geometria de Euclides. Jamais esqueceria a impressão que a obra lhe causou. Escreveu ele mais tarde: "Quem não soube entusiasmar-se por este livro em sua juventude, não nasceu para pesquisador teórico".

Até sua morte, quando lembrava essa passagem de sua juventude, Einstein recordava o encanto que sentiu ao constatar pela primeira vez que "o homem, através unicamente do pensamento, foi capaz de atingir semelhante grau de segurança e de pureza, como nos demonstraram os gregos em primeiro lugar, com a geometria".

## Demonstração de Genialidade

Em 1901, Einstein arranjou um emprego tranqüilo mas não muito bem pago como examinador de patentes no Departamento Suíço de Patentes, em Berna. Em 1905, aos 26 anos, publicou na revista alemã *Annalen der Physick* três artigos que abalaram o mundo científico. Esses três artigos tratavam de três amplos campos da Física: calor, eletricidade e luz. Um deles continha a teoria detalhada do movimento browniano e foi de importância fundamental para o desenvolvimento da interpretação mecânica dos fenômenos do calor. Outro explicava as leis do efeito fotoelétrico com base na hipótese do *quantum*, então juvenil, e apresentava a noção de pacotes de energia radiante ou fótons. O mais importante dos três para o desenvolvimento da Física tinha o inexpressivo título de *Sobre a Eletrodinâmica dos Corpos em Movimento* e era dedicado aos paradoxos nas medições de velocidade da luz. Foi o primeiro trabalho sobre a teoria especial da Relatividade.

As conclusões dele foram diretamente ao coração da mecânica clássica e do eletromagnetismo. Em primeiro lugar, Einstein liquidou com a teoria do éter. Em segundo, disse que não existe espaço fixo, isto é, um espaço no qual se possa fazer distinção entre movimento absoluto e relativo. Em outras palavras, não há nada no universo que possamos ter certeza de ser estacionário. Quem já esteve parado num trem pa-

> “ **Na verdade, você nunca entende uma nova teoria. Você simplesmente a utiliza.** ”

rado, enquanto da janela outro se vê passar, já notou isso. De repente, é impossível dizer qual o trem que está em movimento e qual está parado. Por último, e talvez o mais importante, foi sua conclusão de que a luz sempre tem a mesma velocidade, não importa como seja medida. Einstein considerou a velocidade da luz como uma constante universal.

Raciocinando com base nestes postulados, o cientista alemão declarou que cada observador deve efetuar suas próprias medições do seu próprio ponto de referência — sua casa, seu planeta ou sua galáxia. Para todos os efeitos práticos, todas as coisas são vagantes no espaço a velocidades várias. Não há éter ou qualquer marco em qualquer parte do universo pelo qual uma pessoa possa localizar-se ou medir seu movimento. O único terreno comum é que qualquer pessoa em qualquer lugar, não importa seu estado de movimento, obterá a mesma resposta se tentar medir a velocidade da luz.

Além do comportamento peculiar do tempo e distância preditos em suas equações, a teoria de Einstein também sugeriu a mais inesperada e nova possibilidade para transformação da energia. Nada, afirmou ele, pode mover-se mais rapidamente que a velocidade da luz. Não somente o tempo e a distância são afetados pela velocidade, mas a massa também. À medida que um corpo se aproxima da velocidade da luz, e massa dele cresce e cada vez será mais difícil o impulso. À velocidade da luz a massa se torna infinita e quantidade alguma de energia pode fazê-lo ir mais depressa.

Até esse ponto, Einstein tinha apenas declarado que a massa e o movimento da matéria (energia cinética) se relacionavam. Depois de equacioná-las nesse sentido restrito, ele deu então um grande passo adiante, o qual eventualmente levaria à era atômica. "Massa", afirmou ele, "é o equivalente de energia em todas as suas manifestações". Assim, energia e matéria não são as duas faces do universo, mas simplesmente dois lados da mesma face.

Os artigos, julgados interessantes, foram publicados sem causar qualquer repercussão extraordinária. Mas as pessoas habituadas a ler publicações científicas observaram logo esta particularidade: o trabalho não tinha nenhuma nota de referência.

Era a exposição completa da teoria da relatividade. O mundo levou quatro anos para compreender que, com aquele artigo, ficavam destruídos três séculos de pensamento racional, e que um novo Copérnico revolucionava a visão científica do universo, reconhecendo que sua teoria, tão modestamente apresentada, fora "a maior obra de síntese do engenho humano até os dias de hoje".

Para chegar a essa revolução teórica que possibilitaria, quarenta anos depois, a desintegração do átomo, Einstein tinha utilizado uma faculdade estupenda de concentração e de tal sorte esgotadas suas forças, que o jovem cientista ficou 15 dias de cama, após terminá-la. "Eu tinha 17 anos quando, pela primeira vez, entrevi o problema. Até os 25 anos jamais pensei em outra coisa", declarou ele certa vez.

### Início Modesto

Albert Einstein não se mostrou particularmente brilhante no colégio. Seus pais chegaram até a se inquietarem com a lentidão de sua inteligência e, para sua idade, era considerado quase um retardado.

Depois de ter aberto um comércio de material elétrico em Munique, o pai abandonou a Alemanha e instalou-se em Milão, na Itália, com toda a família. Albert, por sua vez, logo abandonou a família para ir à Suíça, onde estudou um ano numa escola da vila de Aarau, antes de ingressar na célebre Escola Politécnica de Zurique.

Para o jovem Einstein, aquela foi, do ponto de vista material, uma fase extremamente difícil. Seu pai não estava em condições de lhe enviar dinheiro. Só graças a uma soma mensal que o tio pôs à sua disposição é que o rapaz pôde prosseguir os estudos, privando-se amiúde do necessário.

Na Escola Politécnica de Zurique, dizem seus biógrafos, os professores apreciaram suas qualidades, mas ninguém adivinhou o gênio. Terminando os estudos de Física, recusaram-lhe um posto de assistente. Um amigo porém recomendou-o ao diretor do Departamento Federal de Patentes, em Berna. E Einstein quase não passa no exame. Como o diretor lhe perguntasse o que sabia de patentes, ele, tranqüilo, respondeu: "Nada".

O modesto emprego lhe assegurava os meios de subsistência e deixava-lhe tempo para continuar seus trabalhos.

Einstein dissera que sua única paixão era compreender, que suas maiores alegrias ele as teve nos trabalhos científicos. Sempre deu impressão de que sua vida afetiva se revestia de valor secundário.

Em 1901 casava com uma estudante de Matemática, bem dotada, de origem sérvia, Mileva Marisch. Ela lhe deu dois filhos. O casamento, contudo, não foi feliz. Quinze anos depois, Einstein divorciava-se. Um de seus dois filhos enlouqueceria mais tarde, produzindo um drama que afetou profundamente a serenidade do grande sábio.

Durante a Primeira Guerra Mundial, enquanto se encontrava na Alemanha, casou-se pela segunda vez com uma de suas primas, Elsa, mulher meiga e espiritual que, até morrer, pouco antes de 1939, serviu de intermediária entre o grande homem e as necessidades de sua vida cotidiana. No fim de sua vida, duas presenças femininas o acompanharam: sua secretária Madame Dukas e sua filha adotiva, Margot.

Einstein viveu na Alemanha até o advento do nazismo. Embora não sentisse nenhuma afinidade com os judeus praticantes, jamais renegara sua origem. No fim de uma breve biografia dele publicada pelos nazis, liase esta observação: "Ainda não enforcado". Com a ascensão de Hitler, Einstein abandonou a Alemanha e estabeleceu-se nos

Estados Unidos, onde lhe ofereceram uma cátedra no Instituto de Altos Estudos, recentemente fundado na Universidade de Princeton.

Posteriormente voltou à Europa, mas resolveu não mais retornar à Alemanha que, então, escorraçava os pensadores independentes e queimava os livros dos poetas. Desembarcando na Bélgica, seu primeiro cuidado foi escrever à embaixada alemã de Bruxelas para saber quais formalidades deveria cumprir para desvencilhar-se de sua cidadania alemã, e renunciou também à sua cadeira na Academia de Ciências, onde foi seu membro mais eminente.

A casinha de campo que possuía em Wansee, perto de Berlim, foi saqueada e todos os seus bens confiscados. A "Torre Einstein", do Observatório Astronômico de Potsdan, perdeu o nome de que tanto se orgulhava, o qual foi completamente banido da literatura científica. Banida também foi a teoria da Relatividade. Como Einstein, exilaram-se muitos sábios, deixando a Alemanha de ser o centro mundial da Física Teórica.

Pacifista de todo o coração, Einstein viu, com ansiedade, os perigos de uma nova guerra que acompanharia a ascensão do nazismo. Judeu, assistiu à nova convulsão anti-semita em seu país. Convencido de que a celebridade mundial de seu nome e a propalada integridade de seu caráter poderiam servir à boa causa, fez conferências em que defendeu seus ideais humanitários tal como, durante a Grande Guerra, aderira a uma organização chamada "Aliança Pátria Nova", que lutava por uma paz de reconciliação sem anexações nem compensações. Foram, todavia, vãos todos esses esforços do sábio, menos afortunado no domínio político do que no científico.

A luta contra a guerra foi a grande constante da vida de Einstein. A luta pela paz desenrolou-se no mesmo plano que o seu combate espiritual; tem para com ele a mesma importância das conquistas científicas.

Einstein não chegou ao pacifismo pelo raciocínio, talvez nem mesmo pela piedade que lhe inspirassem os sofrimentos humanos. O horror à guerra viveu nele, esquentou-lhe o

sangue, com a força de um sentimento elementar. No universo ordenado do pensamento, que ele construiu, a guerra é uma engrenagem desarranjada. Para a sua religião em particular, é uma ofensa à fé profunda que tem no aspecto sagrado do homem.

Em uma de suas confissões parciais, redigida em 1930, sob o título *Como Vejo o Mundo*, Einstein escreve: "Quem quer que encontre prazer em marchar em fileiras cerradas, ao som de música, torna-se de imediato para mim objeto de desprezo; não recebeu cérebro senão por descuido, desde que a medula espinhal lhe bastaria amplamente. Esta vergonha da civilização deveria ser suprimida o mais depressa possível. Heroísmo comandado, violência insensata, chauvinismo penoso, com que ardor os odeio, como a guerra me parece baixa e desprezível; preferia deixar-me cortar em pedaços do que participar de procedimentos tão miseráveis".

Por doloroso paradoxo, foi Einstein que os sábios atômicos Fermi e Szilard encarregaram de escrever ao presidente Roosevelt para informá-lo de que era possível construir uma bomba de terrível efeito destruidor, utilizando o princípio da desintegração atômica. Einstein aceitou a incumbência, pois estava persuadido de que também Hitler tentaria produzir engenhos nucleares. A conseqüência direta dessa carta foi a organização do Projeto Manhattan, que levaria à fabricação da primeira bomba atômica.

Einstein deu-se conta plenamente do que existiu de trágico no fato de ele, pacifista fervoroso, servir de fiador à mais horrenda arma de guerra de quantas já dispôs a Humanidade. Profundamente perturbado pela aplicação militar da desintegração atômica, para a qual contribuíra decisivamente, Einstein deixou de lecionar em 1945, limitando-se a prosseguir em suas pesquisas de geometrização das leis da Física.

Quando partiu para os Estados Unidos, afirmou que enquanto tivesse possibilidade de tomar decisões viveria unicamente em um país onde reinassem a liberdade como norma política, a tolerância e a igualdade perante a lei. A liberdade política, afirmou, envolve a liberdade de qualquer um em

Einstein, Chaplin e Elsa na noite de estréia do filme *Luzes da Cidade*, Hollywood, 1931.

“ A natureza é exatamente simples, se conseguirmos encará-la de modo apropriado... Essa crença tem me auxiliado, durante toda a minha vida, a não perder as esperanças, quando surgem grandes dificuldades de investigação. ”

expressar suas convicções políticas de maneira oral ou por escrito, por tolerância, o respeito à opinião dos demais. “Fazendo um desconto às imperfeições humanas — afirmou — sinto que nos Estados Unidos é possível conseguir essa coisa que é a mais valiosa da vida: o desenvolvimento do indivíduo e de suas potencialidades criativas. Lá — disse ele — a dignidade humana desenvolveu-se a tal ponto que o povo dificilmente suportaria viver debaixo de um sistema em que o indivíduo é somente escravo do Estado e não tem voz em seu governo, e nem ao que diz de perto do seu próprio modo de viver.

“A julgar pelo que observei até agora, creio que os norte-americanos não se prestam por temperamento e tradição para viver debaixo de um sistema totalitário”.

Einstein foi sempre um homem estranhamente solitário. Ele mesmo confessa: “em oposição aos meus apaixonados sentimentos de justiça e deveres sociais, sempre experimentei a total ausência da necessidade de me aproximar dos homens e das sociedades humanas. Apraz-me sentir-me só. Nunca me entreguei de corpo e alma a um círculo de amigos, ao Estado nem à minha própria família. Pelo contrário, sempre senti nesses laços o indefinível sentimento de ser um estranho em seu desejo de solidão".

Esparsos recitais de violino, instrumento que aprendera com a idade de 6 anos, e vesperais de arte caracterizavam o lazer na casa de Einstein. Longos passeios a sós e, uma ou outra vez, o esporte da navegação a vela foram as suas únicas formas de repouso.

Einstein foi um homem extraordinário. Por isso os cientistas resolveram conservar seu cérebro, após sua morte, para estudo. O tecido cerebral foi conservado, mas os cientistas não conseguiram determinar a presença do gênio entre as células anônimas.

(O Estado de S.Paulo, *Suplemento Cultural, op.cit.*)

# Para Compreender a Relatividade

**Isaac Asimov***

De acordo com as leis do movimento estabelecidas em detalhe pela primeira vez por Isaac Newton nos anos de 1680, movimentos diferentes somam-se segundo as regras da aritmética simples. Suponhamos, por exemplo, que um trem se afaste de um observador imóvel a uma velocidade de 20 quilômetros por hora e uma pessoa a bordo lança uma bola a 20 quilômetros por hora no sentido da marcha do trem. Para o

** Isaac Asimov, dos Estados Unidos, é internacionalmente conhecido como divulgador da ciência e escritor de ficção científica. A longa lista de suas obras atesta a variedade de suas preocupações intelectuais, que vão da crítica literária à psicologia, da matemática ao humor, da poesia ao mistério. Acaba de publicar duas obras que considera seu 200º livro:* Opus 200, *uma antologia de sua obra, e* In Memory Yet Green, *primeiro volume de sua autobiografia.*

viajante, que avança com o trem, a bola se afasta a 20 quilômetros por hora. Para o observador, no entanto, o movimento do trem e da bola se somam, e esta se afasta dele a uma velocidade de 40 quilômetros por hora.

Isto demonstra que não se pode falar da velocidade da bola em si mesma. O que interessa é a sua velocidade *relativa* para um determinado observador. Qualquer teoria do movimento que tente explicar a maneira pela qual a velocidade e outros fenômenos relacionados parecem variar de observador para observador será uma "teoria da relatividade".

A teoria da relatividade de Albert Einstein surgiu da constatação de que o que se aplica para bolas lançadas de trens não parece aplicar-se à luz. Uma fonte luminosa móvel pode projetar um raio de luz na direção em que se desloca ou no sentido contrário desse deslocamento. Segundo as leis de Newton, no primeiro caso, a luz deveria se deslocar a sua própria velocidade *mais* a velocidade da fonte luminosa. No segundo caso, deveria se deslocar a sua própria velocidade *menos* a velocidade da fonte luminosa. Assim se comportaria uma bola lançada de um trem em marcha.

O mesmo não ocorre com a luz. Ela parece se deslocar sempre a uma velocidade própria, qualquer que seja o movimento de sua fonte. Einstein tentou ordenar as leis do universo para levar em conta este fenômeno. Mostrou que, para explicar a constância da velocidade da luz, devíamos admitir um grande número de fenômenos insólitos; que os objetos diminuem à medida que avançam na direção de seu movimento — tornando-se cada vez menores quanto maior é a sua velocidade — até chegarem ao comprimento zero ao atingirem a velocidade da luz; que os objetos em movimento possuem massa cada vez maior quanto mais rapidamente se deslocam, até esta massa ser infinita à velocidade da luz; que o ritmo do passar do tempo num corpo em movimento diminui quanto maior é a velocidade do deslocamento, até deter-se completamente ao atingir a velocidade da luz. Para todos estes princípios, a velocidade da luz no vácuo representa a velocidade máxima que pode ser medida.

Einstein demonstrou, além disso, que uma porção minúscula de massa equivale a uma grande quantidade de energia, segundo sua famosa equação $E = mc^2$, na qual c representa a velocidade da luz.

Todos esses princípios sobre os corpos que se movem a uma mesma velocidade e em uma mesma direção foram elaborados pelo grande cientista em 1905. Este tipo especial de movimento foi desenvolvido em sua "teoria da relatividade restrita".

Os efeitos previstos por Einstein só são perceptíveis a grandes velocidades. A aritmética simples das leis de Newton aplica-se às velocidades ordinárias unicamente porque os efeitos de Einstein são muito pequenos para serem percebidos; e como vivemos num ambiente onde reinam essas leis, elas acabam por nos soar naturais, enquanto os efeitos de Einstein nos parecem estranhos.

Mas na época em que Einstein publicou sua teoria, os cientistas já estavam trabalhando com partículas subatômicas expelidas quando da desintegração dos átomos. Estas partículas subatômicas deslocam-se a grande velocidade e nelas pode-se notar claramente os efeitos de Einstein. Os aceleradores de partículas atômicas e as bombas nucleares não poderiam existir se a teoria da relatividade restrita não estivesse correta.

Em 1916, Einstein elaborou uma versão mais complexa da teoria da relatividade, incluindo não só o movimento em velocidade constante e na mesma direção, mas todo e qualquer tipo de movimento, variável em velocidade, direção ou ambas. Por tratar de todos os tipos de movimento, esta versão de sua teoria foi denominada "teoria da relatividade geral".

O fato de os objetos se deslocarem a velocidades variáveis e em direções variáveis deve-se quase sempre à intervenção da força gravitacional. Quando se deixa cair uma bola, sua velocidade aumenta progressivamente porque a gravidade da Terra a atrai. Quando se atira uma bola, esta descreve uma trajetória curva porque a gravidade da Terra a atrai. A Terra, por sua vez, segue uma trajetória curva no espaço porque a gravidade do Sol a atrai. A teoria geral de

Einstein tinha, portanto, de lidar com a gravitação.

Einstein elaborou um conjunto de equações para demonstrar que se não houvesse matéria em parte alguma, nem gravitação, um corpo em movimento se deslocaria em linha reta. Havendo matéria, o espaço circundante se deformaria e o corpo em movimento seguiria uma trajetória curva. A teoria geral de Einstein mostrou como essas curvas deveriam ser, e que não correspondiam exatamente ao previsto pela teoria da gravitação de Newton. A diferença entre as equações de Einstein e as de Newton é, na verdade, muito pequena, e somente as medições mais cuidadosas e precisas são capazes de mostrar qual conjunto de equações é realmente seguido pelos corpos em movimento.

Uma maneira de saber qual dos dois tem razão é estudar o comportamento da luz ao atravessar um potente campo gravitacional. Segundo Einstein, a luz deve atravessar o espaço deformado e seguir uma trajetória ligeiramente curva, o que não concorda com as regras enunciadas por Newton.

Em 1919 ocorreu um eclipse total e a posição das estrelas próximas ao Sol foi medida com exatidão. Se a luz seguisse uma trajetória curva, cada estrela deveria parecer estar um pouco mais afastada do Sol do que na realidade estava. A amplitude do deslocamento dependeria da proximidade da trajetória da luz em relação ao Sol. A teoria de Einstein previu-a exatamente. As medições feitas por ocasião desse eclipse total de 1919 e em todos os ocorridos desde então parecem situar as estrelas no lugar onde Einstein previu que deveriam estar. Estas medições, no entanto, eram complexas e difíceis de efetuar com precisão. Em nossa era espacial, somos capazes de fazer melhor.

Em 1969, por exemplo, foram enviadas duas sondas a Marte. Quando se encontravam do outro lado do Sol, as ondas de rádio que emitiam para a Terra tiveram de passar perto dele e, portanto, seguir uma trajetória deformada. Devido à distorção, a trajetória percorrida pelas ondas foi mais longa do que seria em linha reta, levando mais tempo para chegar à Terra. Na verdade, houve um atraso de dez milésimos de segundo, quantidade mensurável e



Churchill e Einstein, em 1933 e a casa onde ele viveu e morreu em Princeton, EUA.

que correspondia exatamente ao previsto pela relatividade geral.

Outra previsão da teoria geral de Einstein é que, no espaço deformado pela gravidade, o tempo "corre" mais lentamente. Um objeto luminoso de grandes dimensões emite luz em ondas mais longas do que seriam se não houvesse gravidade, porque a desaceleração do tempo no campo gravitacional do objeto prolonga a duração de uma onda antes que a próxima apareça. Mas nem mesmo o Sol possui um campo gravitacional bastante forte para provocar um efeito mensurável.

No momento preciso em que Einstein expunha sua teoria da relatividade geral, no entanto, descobriu-se um novo tipo de estrela — as "anãs brancas". Uma anã branca pode chegar a conter toda a massa do Sol comprimida num volume não maior do que o da Terra. Neste caso, o campo gravitacional em sua superfície seria duzentas mil vezes mais intenso que o do Sol.

O comprimento das ondas luminosas emitidas por uma anã branca teria de ser, pois, maior — numa proporção determinada — que o das mesmas ondas emitidas pelo Sol. Em 1925, fizeram-se medições da luz proveniente de uma anã branca, constatando-se que seu comprimento era maior, e na proporção prevista por Einstein.

Naturalmente, era muito difícil medir a luz de uma anã branca. Estas estrelas emitem raios de luz muito fracos, e tentar analisá-los é um problema extremamente delicado.

Descobriu-se, no entanto, que em determinadas condições, um conjunto de átomos num cristal emite raios gama. Estes raios são formados por ondas semelhantes às da luz, embora muito mais curtos. Todos os raios gama emitidos pelo cristal têm exatamente o mesmo comprimento de onda e esta pode ser medida com grande precisão.

Mas, se a teoria geral de Einstein é correta, o comprimento de onda dos raios gama poderia se modificar ligeiramente se a atração gravitacional sobre o cristal fosse aumentada ou diminuída.

Na Terra, a gravitação aumenta à medida que nos aproximamos do seu centro. Quando se vive num edifício de apartamentos, a gravidade da Terra é mais forte a cada andar que se desce — mas a diferença é tão ínfima que se torna imperceptível.

Não obstante, ela aparece nos raios gama. Quando se transporta o cristal do sótão para o porão, o comprimento da onda aumenta ligeiramente (mas de forma detectável), e na proporção exata prevista pela teoria de Einstein.

Ainda outra conseqüência do tratamento que Einstein deu à gravitação em sua teoria da relatividade geral é que a gravitação, como a luz, pode ser emitida em ondas. Isto quer dizer que a gravitação, como a luz, pode transportar a energia emitida por um objeto.

Estas ondas gravitacionais são emitidas quando um objeto, devido à gravitação, se desloca numa trajetória circular, avança ou retrocede, contrai-se ou dilata-se. Segundo Einstein, quando gira em torno do Sol, a Terra emite ondas gravitacionais. Assim, perde energia progressivamente e se aproxima lentamente do Sol.

Mas as ondas gravitacionais são tão fracas e contêm tão pouca energia que é impossível detectar as emitidas pela Terra. A energia que elas transportam é tão tênue que a Terra, para se aproximar do Sol alguns metros, levará bilhões de anos.

Não obstante, talvez existam em algum ponto do universo campos gravitacionais mais intensos que no sistema solar. Movimentos extremamente rápidos podem ocasionar a emissão de ondas gravitacionais com energia suficiente para ser detectada.

Vários cientistas vêm tentando captar estas ondas gravitacionais utilizando instrumentos bastante delicados. Alguns têm se proclamado bem sucedidos, mas os resultados são muito duvidosos e ainda não foram aceitos como válidos.

Em 1967, no entanto, descobriu-se um novo tipo de estrela — os "pulsares". Esta estrela é ainda menor e mais compacta que uma anã branca: sua massa pode chegar a ser igual à do Sol e, mesmo assim, estar comprimida numa esfera de não mais de 12 quilômetros de diâmetro. O campo gravitacional na superfície de um pulsar como este seria 10.000.000.000 de vezes maior que o do Sol.

Em 1974, foram descobertos dois pulsares que giravam um

## “Como se apresentaria o mundo, se eu pudesse viajar em um raio de luz?”

em torno do outro. Com rotações num campo gravitacional tão incrivelmente potente, os efeitos que são quase imperceptíveis em nosso sistema solar tornam-se facilmente mensuráveis.

Há, por exemplo, um pequeno componente do movimento de Mercúrio em torno do Sol não explicado pela teoria da gravitação de Newton. Um determinado ponto da órbita desse planeta descreve um círculo completo em torno do Sol em pouco mais de 3.000.000 de anos, embora pela teoria de Newton não devesse se mover em absoluto. A teoria de Einstein, no entanto, explica esse movimento exatamente.

Segundo essa teoria, este mesmo ponto nas órbitas dos dois pulsares já mencionados deveria executar um círculo completo em apenas 84 anos — e o ponto está se movimentando na velocidade exata para que assim aconteça.

Além disso, os pulsares, ao girar, devem estar emitindo ondas gravitacionais muito mais fortes do que as da Terra. A energia transportada por essas ondas gravitacionais deve ser suficiente para fazer com que os pulsares girem em espiral, aproximando-se um do outro a uma velocidade perceptível, o que, por sua vez, deve fazer com que alguns de seus impulsos de ondas de rádio cheguem até nós a intervalos cada vez mais curtos.

Em 1978, foram feitas delicadas medições desses impulsos de rádio, constatando-se que chegavam a intervalos cada vez mais curtos, e com a diferença de tempo prevista por Einstein.

Em resumo: nos três quartos de século transcorridos desde que Einstein expôs sua teoria da relatividade, os cientistas a submeteram repetidas vezes a todos os testes concebíveis e ela passou com sucesso por todos eles sem exceção.

---

*(O Correio da Unesco,* julho de 1979*)*

# Ciência e Subjetividade: o Caso Einstein

**Pierre Thuillier***

"A ciência, considerada como corpo completo de conhecimento, é a mais impessoal das obras humanas; mas, se considerada como projeto que se realiza progressivamente, é tão subjetiva e psicologicamente condicionada quanto qualquer outro empreendimento humano."

Esta declaração de Einstein pode surpreender os defensores de um certo racionalismo positivista, mas representa uma espécie de convite a que se examine a gênese "subjetiva" das idéias relativistas.

Deixemos bem claro. A "relatividade restrita" e a "relatividade geral" são teorias *científicas*: só se pode compreender sua natureza e avaliar sua importância levando em conta o estágio em que se encontravam as ciências físicas no início do século XIX. Se o interesse se resume no "progresso" do conhecimento *per se*, pode-se até arrogar o direito de negligenciar (ou condenar como anedóticas demais) todas as contribuições psicológias e sociológicas à história da ciência. De qual-

---

**Pierre Thuillier, professor de história da ciência na Universidade de Lille III e na Universidade de Paris VII, é membro do corpo editorial da revista científica francesa* La Recherche. *Seu interesse pela epistemologia (teoria e ciência do conhecimento) e por questões mais vastas acerca das relações existentes entre ciências e sociedade, reflete-se em* Jeux et enjeux de la science*, editado por Robert Laffont, Paris, 1972.*

quer forma, o próprio Einstein sempre se preocupou em analisar seu processo de pensamento, a gênese de suas idéias e as influências que sofreu.

Consideremos seriamente a objeção já citada, de que a ciência é essencialmente "objetiva", ou que pelo menos só tem valor na medida em que é "objetiva"; por que então conceder deliberadamente tanta importância à "objetividade" de um cientista, mesmo que este se chame Einstein? Em outras palavras, seria insensato e até perigoso confundir arte e ciência. Os artistas não procuram descrever a realidade "tal como é"; eles a interpretam, a reconstróem segundo as exigências de sua sensibilidade e de sua imaginação. Mas os cientistas, tanto quanto sabemos, procedem de modo absolutamente diverso: calam sua "subjetividade", só dão ouvidos à "voz dos fatos". Assim, baseados num método rigoroso, conseguem estabelecer "leis da natureza" de absoluta exatidão.

Este enfoque parece de inteiro acordo com o bom senso. No entanto, corre o risco de dissimular dificuldades inerentes à noção de objetividade.

Ninguém ousaria negar que os enunciados científicos devem passar por testes experimentais. Mas mesmo quando o "veredicto da experiência" é favorável, pode-se afirmar que a "objetividade" da teoria está estabelecida?

De fato, o que se confirmou foi apenas seu valor (ou validade). *Stricto sensu*, um resultado positivo não prova que os enunciados testados são "verdadeiros" de modo absoluto. Pode ser que outra teoria venha a se mostrar igualmente boa ou até melhor. Em outras palavras, nunca se pode ter certeza de conhecer de modo completamente definido os "objetos" estudados. As experiências podem demonstrar que, *em certas condições e dentro de certos limites*, uma determinada teoria pode explicar fenômenos. Mas não provam que este conhecimento é absoluta e perfeitamente verdadeiro.

Há inúmeros exemplos. Durante muito tempo acreditou-se que a mecânica de Newton descrevia a realidade de modo rigorosamente exato ("objetivo"). Mas a teoria da relatividade questionou justamente essa idéia. A ciência, temos de admitir, visa a dar uma descrição (ou explicação) objetiva dos fenômenos. Mas seria exagerado afirmar que as teorias científicas, tal como realmente existem, são construções integralmente objetivas, ou seja, isentas de qualquer elemento "subjetivo". É por isso, aliás, que as teorias evoluem constantemente.

Portanto, o modo de abordar o problema da subjetividade nas ciências depende estreitamente das soluções que se dá a algumas questões puramente epistemológicas (quer dizer, relativas à natureza e ao valor do conhecimento científico). O próprio Einstein tinha perfeita consciência deste fato, como atestam suas análises concernentes à relação entre os "fatos" e as "teorias". Newton, como ele mesmo disse, acreditava que "as leis e os conceitos básicos de seu sistema podiam ser derivados da experiência". Mas isso não é verdade. Ao contrário do que acreditam alguns empiristas, "qualquer tentativa de deduzir logicamente conceitos e postulados fundamentais a partir de experiências elementares está fadada ao fracasso". Na verdade, os fundamentos da física teórica devem ser "inventados livremente". Isto significa que, para elaborar sua ciência, os físicos não registram passivamente dados sensoriais, mas constróem um quadro teórico auxiliados por princípios e conceitos de sua escolha; mais que isto: de sua livre escolha, como frisou repetidas vezes Einstein.

Esta concepção pode ser chamada construtivista. Ela não só tolera a "subjetividade" dos teóricos, como também admite que este tipo de intervenção é praticamente inevitável e completamente legítima. É claro que existem teorias melhores do que outras. Mas, como observou Einstein, "não existe vínculo lógico entre os fenômenos e os princípios que pretendem explicá-los". Pergunta-se então: se os princípios não provêm dos fenômenos, de onde provêm?

A opinião de Einstein pode ser resumida assim: embora o cientista aspire a dar uma imagem "racional" do mundo, não tem acesso a uma Razão única e absoluta que lhe forneça, de modo puramente lógico, os conceitos e princípios de que necessita. É utilizando seus próprios recursos e fazendo suas próprias experiências (no sen-

tido mais amplo do termo), que os homens procuram inventar instrumentos intelectuais mais ou menos adequados à "realidade". A gênese das teorias científicas não se encontra apenas na epistemologia e na lógica, mas também na psicologia, na sociologia e na antropologia cultural. As chamadas sociedades adiantadas difundem uma imagem da ciência que põe em relevo sobretudo seus aspectos rigorosos, lógicos, "objetivos". Já Einstein, tanto por suas declarações quanto por sua própria atividade científica, oferece-nos uma excelente oportunidade de perceber melhor o reverso desta imagem, com tudo o que comporta de emoção, impulsos de imaginação, convicções filosóficas e até paixão "mística"...

Como se sabe, Einstein e Michele Besso foram amigos durante muito tempo. Um dia, a irmã de Besso perguntou a Einstein: "Por que Michele não fez nenhuma descoberta importante em matemática?" Einstein respondeu rindo: "Isto é um ótimo sinal. Michele é um humanista, um espírito universal, por demais interessado em coisas demais para tornar-se monomaníaco. Só um monomaníaco obtém o que se chama de 'resultados'". Quando Besso lhe pediu que explicasse estas palavras, Einstein confirmou: "Continuo a crer que você poderia ter desenvolvido idéias importantes no campo científico, se fosse suficientemente monomaníaco. Uma borboleta não é uma toupeira, mas nenhuma borboleta se importa com isto".

Seria interessante saber até que ponto Einstein foi uma "toupeira", um "monomaníaco". Que obsessão foi capaz, de modo mais ou menos direto, de engendrar a relatividade restrita e a relatividade geral? A resposta sugerida por Einstein é que o verdadeiro cientista é totalmente impregnado de um "sentimento religioso cósmico". Segundo Einstein, este é o terceiro grau da vida religiosa, sendo os dois primeiros a religião-temor e a religião-moral. "Sustento (...) que a religiosidade cósmica é o incentivo mais forte e mais nobre da pesquisa científica. Só quem é capaz de avaliar os enormes esforços e principalmente o devotamento sem o qual não poderiam ser realizadas as criações científicas que abrem novos caminhos

Em 1934, Einstein instala-se definitivamente nos EUA, fugindo das perseguições nazistas aos judeus.

pode apreciar a força do movimento que, sozinho, pôde originar este tipo de trabalho, dissociado da vida prática de todos os dias. (...) É o sentimento religioso cósmico que dá a um homem esta força." Neste ponto, portanto, a opinião de Einstein é bem diferente da dos positivistas. "Em nossa época materialista, os pesquisadores científicos sérios são os únicos homens profundamente religiosos". Observações deste tipo eram comuns em Einstein. Às vezes, tem-se mesmo a impressão de que ele leva esta idéia até o exagero. "Não posso conceber um cientista autêntico que não tenha uma fé profunda. Pode-se resumir a situação na seguinte imagem: sem a religião a ciência é manca; sem a ciência a religião é cega."

Talvez seja conveniente fazer algumas observações sobre esta religião einsteiniana. Para começar, ela nada tem a ver com as religiões que admitem a existência de um Deus pessoal, distribuidor de castigos e recompensas. Para Einstein esta doutrina é impura, e as religiões deveriam abandoná-la por completo. É evidente que a idéia de um Deus pessoal cria temores e esperanças; logo, permite que os sacerdotes tenham "vasto poder" sobre as mentes dos homens. Mas, a longo prazo, pode causar "um prejuízo incalculável ao progresso humano". Assim, Einstein prefere qualificar-se como panteísta. Ser religioso é tentar modestamente compreender melhor a ordem do mundo.

Einstein associa, portanto, quase sistematicamente, a idéia de "religião" à idéia de que o mundo é inteligível e racional. Mais exatamente, o cientista deve acreditar que o mundo é assim. Se ele tem a coragem de se dedicar ao estudo da natureza, é precisamente por ter a convicção de que a natureza é construída segundo leis harmoniosas. Para Einstein, isto significa, entre outras coisas, que tudo é determinado por uma estrita causalidade. O verdadeiro cientista crê "que a lei causal determina todos os fatos". Desta forma, compreende-se bem que ele não pudesse admitir um Deus pessoal, ou seja, um ser que interviesse no curso dos acontecimentos.

À sua maneira, Einstein é muito lúcido. Em vez de usar a causalidade como prova absoluta, a torna objeto de uma crença "religiosa", de um envolvimento pessoal. Evidentemente isto não o impedia de, na prática, servir-se do princípio de causalidade como critério decisivo para a avaliação das teorias científicas.

Por esta razão jamais quis reconhecer a legitimidade da mecânica quântica. Porque "Deus não joga dados". Através desta fórmula várias vezes repetida, Einstein afirmava sua fé num determinismo rigoroso dos fenômenos naturais. Não podia aceitar "o capricho estatístico" tal como se manifestava nas especulações dos Bohrs, Borns, Heisenbergs e Paulis. A seu ver, a grande falha da teoria dos quanta era não fornecer uma descrição completa da realidade; "probabilidades" não podem ser a última palavra do conhecimento. Neste aspecto, a correspondência trocada entre Einstein e Born é eloqüente; Born jamais conseguiu abalar a "religião cósmica" de Einstein, pois este achava escandaloso que um corpúsculo pudesse não ter um comportamento totalmente previsível.

Mas a crença na causalidade universal é muito comum e não teria sido suficiente para "inspirar" a teoria da relatividade. Por outro lado, é digno de nota que Einstein tenha tão freqüentemente definido sua posição "religiosa" opondo à "futilidade dos desejos e objetivos humanos" a "sublimidade" e a "ordem maravilhosa" da natureza. A existência individual é "uma espécie de prisão". Portanto, o desejo de conhecer tem significado fundamental: o homem, enquanto indivíduo, não significa muito, mas tem a possibilidade de contemplar e compreender a ordem universal. Pelo conhecimento, "o indivíduo deseja experimentar o universo como entidade dotada de significação". Um homem religioso é alguém que, na medida de seus meios, "libertou-se dos entraves de seus desejos egoístas, e voltou-se para pensamentos, sentimentos e aspirações de valor suprapessoal". Em suas *Notas autobiográficas*, Einstein retoma este tema: é preciso "libertarmo-nos das cadeias do 'puramente pessoal' e esforçarmo-nos para descobrir um "mundo extrapessoal" que será um novo paraíso. Coloca-se assim a existência de um "mundo real", independente de nós, cuja contemplação tem (ou terá) ação libertadora.

O realismo epistemológico de Einstein, como vemos, tem raízes diretas e profundas em sua "subjetividade". Estamos então em posição de levantar uma hipótese crucial: se Einstein elaborou a teoria da relatividade restrita e da relatividade geral, foi precisamente para desfrutar de um mundo mais real e satisfatório que o pobre mundo em que vivemos nosso dia-a-dia.

Qual é de fato a essência do "princípio da relatividade"? Basta ler os textos de Einstein para constatar que, apesar do nome, este princípio expressa o desejo de encontrar "leis da natureza" cuja forma permaneça idêntica seja qual for o sistema de referência adotado. A relatividade restrita só se aplica aos sistemas galileanos, ou seja, aos sistemas em que é válida "a lei fundamental conhecida pelo nome de lei da inércia: um corpo suficientemente afastado de outros corpos persiste em seu estado de repouso ou movimento retilíneo e uniforme". O princípio da relatividade geral pode ser enunciado da seguinte forma: "Todos os sistemas de referência, qualquer que seja o seu estado de movimento, são igualmente válidos para a formulação das leis gerais da natureza".

Em termos mais simples, pode-se dizer que o princípio da relatividade expressa a vontade de encontrar uma imagem do mundo que seja independente da posição de diferentes observadores. Durante algum tempo vários autores se impressionaram com o fato de que este "postulado" reflete com grande fidelidade as idéias pessoais de Einstein a que nos referimos anteriormente. É como se a física relativista fosse, num campo particular, a realização de um programa mais geral: construir um mundo "suprapessoal", um mundo situado além de nossas sensações e de nossas percepções, porém dotado de uma realidade superior.

Os adversários da nova teoria não se enganaram; perceberam claramente que as especulações relativistas não se baseavam absolutamente na "objetividade" pura e simples. Por isto Christian Cornelissen, num pequeno livro publicado em Paris em 1923, deplorou as alucinações de Einstein. Lamentava que

> “A luz tem peso e se move em linha curva.”

este cientista tivesse desenvolvido certas idéias “até o absurdo” e se tivesse “deixado perder nas esferas da Metafísica”. De certa forma, Cornelissen tinha razão. Para ousar formular tais teorias, era preciso ter (e existe hoje uma tendência a esquecer este fato) uma extraordinária confiança em diversas pressuposições que não eram de modo algum evidentes.

Em seu artigo de 1905, onde lançava as bases da teoria da relatividade, Einstein demonstrou originalidade. Mas esta originalidade não se encontrava tanto na novidade das idéias utilizadas, e sim no modo de as elaborar.

O matemático francês Henri Poincaré percebeu nitidamente os novos usos que poderiam ser feitos do “princípio da relatividade”. Já o físico holandês Lorentz havia elaborado a “transformação” que recebeu seu nome — e cujo formalismo Einstein retomava. A tal ponto que Sir Edmund Whittaker, autor de uma obra da maior autoridade, *História das tTeorias do Éter e da Eletricidade*, pôde atribuir a Poincaré e a Lorentz a teoria da relatividade. Este fato escandalizou Max Born. Na verdade, longe de serem os pais da teoria, nem Poincaré nem Lorentz jamais a aceitaram realmente. O erro de Whittaker é ao mesmo tempo psicológico e epistemológico; ele subestimou a coragem intelectual de Einstein — o que se poderia chamar seu radicalismo filosófico-científico.

Sem dúvida Poincaré compreendeu o “princípio da relatividade” tão bem quanto Einstein. Mas o considerava apenas “uma convenção sugerida pela experiência”, e a seu ver os físicos o poderiam dispensar perfeitamente. Em outras palavras, Poincaré hesitava em subverter a teoria clássica. Esta espécie de timidez é absolutamente desconhecida de Einstein, que, por sua vez, não faz por menos: para reconstruir inteiramente o edifício teórico, decide que o "princípio da relatividade" é um pressuposto fundamental que, pelo menos de modo provisório, não deve ser questionado. Aí reside toda a diferença: Poincaré adotou uma estratégia conservadora, enquanto Einstein decidiu resolutamente abrir um novo caminho. Daí a importância de ser "monomaníaco", pois para inventar a teoria da relatividade não bastava ser inteligente; era preciso ser suficientemente "louco" para escolher bases novas, apesar de seu caráter paradoxal.

A audácia de Einstein em seu famoso artigo de 1905 estava em admitir desde o início dois princípios fundamentais: o princípio da relatividade (ao qual acabamos de fazer referência) e o princípio da constância da velocidade da luz. A audácia era ainda maior pelo fato de que, segundo o próprio Einstein, estes dois princípios eram aparentemente incompatíveis. Daí se coloca, entre outras, a seguinte questão: como teve Einstein a idéia de afirmar a constância da velocidade da luz?

Vários físicos e filósofos acreditaram que Einstein fora levado a essa idéia pelas experiências de Michelson (1881) e de Michelson-Morley (1887). Nessa época, era amplamente aceito que a luz se deslocava num meio absolutamente imóvel, o éter, e que devia ser possível demonstrar o movimento da Terra através desse éter. Não é necessário aqui entrar nos detalhes da experiência de Michelson. Basta dizer que ele trabalhava com raios de luz e desejava exatamente demonstrar a influência que o "vento do éter" exercia neles. Mas sua esperança não foi satisfeita, pela impossibilidade de se detectar o misterioso éter... De acordo com a interpretação empirista, foi este *fato experimental* que inspirou Einstein; por uma ampla generalização, ele pôde estabelecer que a luz viajava sempre à mesma velocidade (e assim escapava a algumas leis bem conhecidas da física clássica).

Esta interpretação é certamente discutível. Em primeiro lugar, é claro que a experiência



O famoso cientista em seu escritório, em 1946.

de Michelson podia ser interpretada de várias maneiras. O holandês Lorentz, seguindo uma sugestão do físico irlandês Fitzgerald, propôs uma explicação original: o "vento do éter" causava na matéria uma certa *contração* que impedia que se constatasse os efeitos luminosos esperados. Isto prova que a solução encontrada por Einstein (princípio da constância da velocidade da luz) não era estritamente imposta pelos "fatos".

Mais ainda: sabemos hoje que a experiência de Michelson não teve papel determinante na abordagem de Einstein. "Não sei muito bem quando ouvi falar pela primeira vez na experiência de Michelson. Não tenho consciência de ter sido diretamente influenciado por ela". Várias vezes Einstein confirmou esta afirmação. "A experiência de Michelson não desempenhou nenhum papel, pelo menos nenhum papel decisivo, em meu esforço pessoal". Pode-se supor, por outro lado, que houve intervenção de certas exigências "subjetivas".

Em suas *Notas autobiográficas* Einstein explica que refletiu durante dez anos sobre um paradoxo que o intrigava desde seus dezesseis anos. Era uma espécie de experiência imaginária na qual se colocava a seguinte questão: que aconteceria se eu perseguisse um raio de luz, tendo eu mesmo uma velocidade igual à da luz? E ele próprio sugeria esta resposta: "Observaria este raio como um campo eletromagnético oscilatório em repouso". Mas por diversas razões isto lhe parecia impossível; daí resultava um problema, um paradoxo a seus olhos apaixonante. "Vê-se", acrescenta Einstein, "que o germe da teoria da relatividade restrita já estava contido nesse paradoxo". Isto confirma que Einstein estava há muito tempo preparado para lidar com problemas fundamentais, e para pôr certos conceitos em funcionamento. Naturalmente, estava a par de resultados de várias experiências. De modo geral, acreditava que a física deve ser elaborada em contato com a experiência, e por esta ser confirmada sempre que possível. Mas a teoria da relatividade não foi concebida para resolver as dificuldades oriundas de uma experiência particular. Foi o fruto de uma maturação muito mais geral e muito mais teórica.

Na origem da teoria da relatividade restrita estava outro problema: *a falta de simetria de ação* entre condutores elétricos e ímãs. Na verdade, quando se usa a teoria do físico escocês James Clerk Maxwell é preciso recorrer a duas interpretações diferentes para explicar o que ocorre: 1) quando um condutor é deslocado em relação a um ímã em repouso, 2) quando o mesmo ímã é deslocado em relação a um condutor em repouso. Para Einstein, isto era uma espécie de escândalo. Num manuscrito não publicado anotou que essa assimetria lhe era "insuportável". Mas é bom recordar que a teoria de Maxwell explica satisfatoriamente os resultados da experiência. Einstein, porém, era guiado por uma convicção estética: como na realidade só tem importância o deslocamento relativo do ímã e do condutor, é preciso que a teoria também seja simétrica.

Isto nos remete outra vez à "subjetividade" de Einstein, à sua necessidade de encontrar (ou pelo menos postular) uma ordem harmoniosa no universo. Várias vezes ele recorreu a considerações estéticas para elaborar suas concepções teóricas. Pois a "religião cósmica" é isto: exige que se explique o maior número possível de fenômenos, com o máximo de elegância, ou seja, utilizando o mínimo de enunciados fundamentais. Assim, o "racionalismo" de Einstein tem raízes extremamente profundas; é alimentado e guiado por idéias, imagens e emoções muito pessoais.

Por ocasião de uma enquete acerca da invenção na matemática, Jacques Hadamard interrogou Einstein e obteve a seguinte resposta: "As palavras e as línguas, escritas ou faladas, não parecem tomar parte em meu processo de pensamento. As entidades psíquicas que servem de elementos ao pensamento são alguns signos e imagens de maior ou menor clareza, que podem ser reproduzidos e combinados 'à vontade'. Existe naturalmente uma certa relação entre estes elementos e os conceitos lógicos envolvidos." Em suas *Notas autobiográficas* Einstein voltou ao assunto: "A meu ver, não há dúvida de que nosso pensamento funciona a maior parte do tempo sem se servir de signos (palavras) e, mais ainda, de modo bastante inconsciente".

**“Você não pode provar uma definição. O que você pode fazer é mostrar que ela faz sentido.”**

As implicações destas observações têm alcance maior do que parece. A utilização de um “pensamento em imagens” pode muito bem ter ajudado Einstein a considerar de forma original os conceitos de tempo e espaço. O texto citado a seguir tem o mérito de abordar diretamente a questão: “Imagino às vezes por que fui o único a desenvolver a teoria da relatividade. Creio que é porque nenhum adulto normal se preocupa com os assuntos do espaço e do tempo. Acha que desde a infância já sabe tudo o que precisa saber sobre o assunto. Eu, pelo contrário, me desenvolvi tão devagar que só comecei a questionar acerca do espaço e do tempo quando já era crescido. Por isto consegui penetrar mais profundamente no âmago do assunto do que teria conseguido uma criança normalmente desenvolvida”. Em outras palavras, foi uma felicidade que o pequeno Albert Einstein, como confirmam seus biógrafos, tenha tido dificuldade para falar...

No fundo, a recusa do bebê Einstein a falar não significaria uma resistência a certos sistemas cognitivos impostos pela sociedade? Uma educação “bem sucedida” é aquela que torna aceitáveis como naturais alguns conceitos e interpretações da “realidade”. Portanto, é também, por definição, uma educação que torna conformistas os que a recebem, e os priva da possibilidade de questionar os pressupostos, geralmente implícitos, sobre os quais se fundamentam os “conhecimentos” assim transmitidos. Aliás, esta era uma idéia de que Einstein gostava: a de que algumas dificuldades apresentadas por um sistema cognitivo só podem ser resolvidas se primeiro forem descobertas as bases mais ou menos arbitrárias e inconscientes do próprio sistema. Um espírito por demais socializado, por demais moldado, não pode ter isenção suficiente. A abordagem crítica que gerou a teoria da relatividade só foi portanto possível graças a uma verdadeira autonomia intelectual. Deste ponto de vista, é importante sublinhar que Einstein assumira uma atitude de independência em relação às idéias geralmente admitidas. Em suas próprias palavras, chegara a "um pensamento livre positivamente fanático", que se expressava por "uma suspeita em relação a todas as formas de autoridade e uma atitude cética em relação às convicções imperantes em qualquer contexto social".

Vários historiadores, aliás, notaram que Einstein, na juventude, vivera num meio que não incentivava o conformismo intelectual. Fez seus estudos superiores na Escola Politécnica de Zurique; trabalhava no Registro de Patentes de Berna quando escreveu, em 1905, seu artigo sobre a relatividade. Nessa época a Suíça "recebia uma multidão cosmopolita de estudantes, revolucionários emigrados e jovens que haviam fugido da opressão nacional ou social que imperava em seus países". Por volta de 1900, Zurique era "um imenso clube permanente".

Recordemos alguns nomes significativos: Rosa Luxemburgo, George Plekhanov, Mussolini, Karl Radek, Lenine. As discussões eram tão freqüentes quão acaloradas; não se tratava apenas de política, mas também de epistemologia e psicanálise. Recordamos ainda, por outro lado, que Einstein se definia como "herético". Estes detalhes ajudam a entender a ousadia teórica que permitiu a Einstein formular suas idéias totalmente novas.

Finalizando, evoquemos o problema levantado pela expressão que agora se tornou comum: teoria da relatividade. Poucas designações causaram tantos mal-entendidos — como se relatividade tivesse algo a ver com relativismo e com subjetivismo. Seria realmente melhor falar, como sugeria Minkowski, do "postulado do mundo absoluto". Isto confundiria menos. Certamente, segundo a teoria einsteiniana, nossas medidas do espaço são relativas, assim como nossas medidas do tempo. Isto significa que dependem da posição do observador; e não existe nenhum observador privilegiado. Mas o famoso "espaço-tempo" é, em si mesmo, algo absoluto; exprime em forma teórica a existência de uma "realidade" não diretamente acessível, mas em relação à qual todas as observações individuais ("locais") adquirem significação precisa.

Aliás, a expressão "teoria da relatividade" não aparece nos títulos dos trabalhos de Einstein anteriores a 1911. Ele preferia falar de "teoria de invariantes" (*Invariententtheorie*) e, em 1928, disse que seria mais justo chamar o princípio da relatividade de "princípio de covariância" (ou seja, princípio que exige que as equações fundamentais mantenham a mesma forma em todos os sistemas de referência). Por que então acabou por aceitar uma designação no mínimo enganadora? Sem dúvida, neste ponto é preciso evocar fatores psicológicos. Falar de "relatividade" era lembrar que os absolutos newtonianos estavam mortos: não há espaço absoluto, não há simultaneidade absoluta. Era, portanto, enfatizar a mutação introduzida por Einstein, mutação que muitos cientistas e leigos julgavam "revolucionária". A palavra "relatividade" correspondia bem ao espírito do tempo — e mais precisamente ao espírito "rebelde" e "criador" que reinava em Zurique e em Berna.

---

*(O Correio da Unesco, julho de 1979)*

# Einstein e a Intuição Cósmica

**Huberto Rohden**

Albert Einstein apareceu no céu do século XX como um cometa, e sua Teoria da Relatividade riscou o firmamento noturno como um meteoro que explodiu sobre a terra. Há meio século que todo o mundo olha, estupefato, para esses fenômenos, mas ninguém compreendeu nada.

Em 1945/6, quando eu estava com Einstein na Universidade de Princeton, os professores de alto gabarito diziam que não havia meia dúzia de homens capazes de compreender as teorias dele. Um deles teve a sinceridade de dizer que não havia um só.

Depois disto foram escritos livros sem conta e tratados sobre Einstein e sua teoria, e não conheço um só que dê uma explicação mais ou menos compreensível. A mais recente obra que, no original inglês, tenho sobre a mesa, *Einstein, the life and the time*, de Ronald W. Clark, escreve 720 páginas sobre esse homem, sua vida e seu tempo, mas não diz nada de cristalino sobre o enigma da relatividade, nem desvenda o mistério do autor.

Tenho diante de mim um livro pequeno de Peter Michelmore, *Einstein, genie des jahrhunderts*, que trata sobretudo da personalidade humana desse gênio e onde o autor menciona, repetidas vezes, que Einstein não deve ser analisado pelos métodos comuns, mas que deve ser considerado como um fenômeno *sui generis*.

A conhecida revista *Enciclopédia*, outubro de 1969, confirma o que outrora já haviam afirmado ou adivinhado: que Einstein "se aproximava dos antigos mágicos, alquimistas e taumaturgos", devido a seu pensamento intuitivo, e não meramente analítico.

Lincoln Barnett e Gordon Garbedian também mencionam fatos estranhos da vida dele: em vésperas de lançar ao papel a célebre fórmula $E=mc^2$, Einstein desapareceu da Politécnica de Zurique, onde era professor, sem deixar vestígio do seu paradeiro por diversos dias, e reapareceu, faminto, desalinhado, alguns dias depois — e escreveu a fórmula que revolucionou o mundo.

Uma carta escrita a um amigo em 1954, um ano antes da sua morte, e publicada pela revista americana *Time* de 26/1/69 revela que, em resposta a esse amigo, Einstein afirma que não tinha lembrança alguma de ter feito experiências empírico-analíticas para descobrir a lei da relatividade, mas que isto lhe veio por intuição.

Declara textualmente: "Não existe nenhum caminho lógico para o descobrimento dessas leis elementares; o único cami-

nho é o da intuição" (*there is only the way of intuition*).

Quando professor na Universidade de Berlim, refere sua segunda esposa, Elsa, havia dias em que ele se trancava no quartinho, nas águas-furtadas do último andar de um edifício de sete andares, e dava ordem à esposa para que não o chamasse para nada, nem para as refeições, recomendando apenas que colocasse uma bandeja de sanduíches diante de sua porta trancada. Assim passava Einstein dias inteiros, na sua prisão voluntária, geralmente de pés no chão, em mangas de camisa, em total solidão, como um yogui em *samadhi*. Certa vez, refere o citado autor Peter Michelmore, quando sua esposa lhe havia comprado uma boa camisa social com lindas abotoaduras, Einstein cortou as mangas pelo cotovelo, a fim de se sentir mais à vontade e não ter o incômodo de abotoar os botões grã-finos.

Ainda no seu tempo de Princeton, Einstein se encerrava, às vezes, no seu gabinete de estudos, na sua casinha de Mercer Street, meio perdida no bosque, e não recebia visita alguma. Diariamente, subia pelo caminho solitário rumo às alturas do morro em cujo cimo se erguia o *Institute for Advanced Studies*; geralmente ia tão absorto que não me percebia quando eu emparelhava casualmente com ele; semelhante concentração é chamada "distração".

Sempre tive a impressão de que o espírito de Einstein vivia em outro mundo, e apenas o seu corpo físico perambulava por este planeta Terra, mantendo ligeiro contato com o nosso ambiente físico e social. Dinheiro e valores materiais eram para ele coisas fictícias; louvores e vitupérios, vivas e vaias, sucessos ou fracassos — tudo isto era farinha do mesmo saco. Depoïs de mais de um ano de convivência com ele na Universidade de Princeton, convenci-me de que um homem pode chegar ao mais alto grau da ética sem nenhuma "religião" determinada; Einstein não professava nenhuma espécie de religião ou seita, mas era um homem profundamente religioso. O recente livro sobre Einstein, de Ronald W. Clark, frisa repetidas vezes o fato, aparentemente estranho, de que um cientista de seu gabarito falasse tanto em Deus. Para os teólogos, devia Einstein ser um ateu, porque não admitia um Deus pessoal, antropomorfo; mas para nós, os filósofos, era ele um místico, um homem altamente espiritual, que sentia a presença de um Poder Supremo impessoal que rege os destinos do Universo. E esta experiência do Infinito lhe fazia sentir a fraternidade universal de todas as creaturas.

É um erro supor que Einstein tenha descoberto a Teoria da Relatividade por meio de pacientes pesquisas e análises de largos anos. É certo que fez pesquisas, e muitas, mas estas análises por si sós não podem ser consideradas como a *causa intrínseca* das suas descobertas, são apenas as *condições extrínsecas* das mesmas.

Mas... agora é que entramos no terreno tenebroso ou penumbral de que muitos dos leitores nada sabem e nada suspeitam. Por isto, apesar dos pesares, temos de cavar mais fundo e tentar atingir camadas menos conhecidas.

Quem não conhece a diferença entre o *ego-pensante* e o *cosmo-pensado* não poderá compreender Einstein, nem sua obra. Sobretudo entre as raças mais antigas do globo que conhecemos, entre as quais contam hebreus e hindus, aparecem, de vez em quando, indivíduos intensamente *cosmo-conscientes*, em que essa consciência prevalece notavelmente sobre a conhecida consciência personal. O povo fala então de homens inspirados, místicos, magos, profetas, etc. O homem ego-pensante, restrito ao seu minúsculo círculo de sentidos e da mente, não compreende que a razão pode alargar notavelmente este círculo, abrangendo áreas muito maiores da conciência, que costumamos denominar cosmo-conciência.

Na antiga África, entre hebreus e não-hebreus, apareceram homens cosmo-conscientes, como o grande Toth, a que os gregos chamavam Hermes (o Deus da Sabedoria), três vezes magno (Trismegistos); na África também surgiu o poderoso legislador e condutor de Israel, Moisés; surgiu a luminosa constelação dos grandes neoplatônicos de Alexandria, Philo, Plotino e Orígenes; lá viveram alguns grandes faraós, sobretudo o iniciador do monismo Amenhotep IV, que mudou seu nome para o de Akénaton I; mais tarde os gênios de Agostinho e Tertuliano.

Na Ásia, outro continente de cultura antiga, aparecem homens de cosmo-consciência, hindus e outros, como Buda, Krishna, Rama-Krishna, Vivekananda, Rabindranath Tagore, Mahatma Gandhi, Lao-Tsé, Ramana Maharishi, Zaratustra, Paulo de Tarso e o próprio Jesus Cristo; todos eles, uns mais, outros menos, ultrapassaram a pequena ego-consciência do homem comum e foram invadidos pela grande cosmo-consciência. E essa cosmo-consciência deixou em muitos um lastro que, embora extraconsciente, de vez em quando torna a brotar na zona do consciente ou do supraconsciente.

Alguns dão a esse poder cósmico o nome de "alma do Universo" (Spinoza); outros, para não o amesquinhar, o deixam em perpétuo anonimato (Buda); outros lhe chamam "Pai" (Jesus); para outros, ainda, ele é simplesmente "Tao", Realidade (Lao-Tsé); outros, finalmente, lhe dão o nome de "Lei" (Einstein).

Toda vez que esses homens cosmo-conscientes sentem a invasão dessa fonte infinita nos seus canais finitos, esvaziam os seus veículos humanos e permitem a invasão das forças cósmicas.

Por vezes essas forças superiores dominam totalmente a consciência humana, assim como uma tempestade enfuna o velame de um barco e o arrebata com grande felicidade; por vezes o barqueiro humano, sob o impulso da inspiração cósmica, continua a dominar e dirigir cautelosamente a sua nau, impelido pela força do Além, mas conservando a direção sobre as forças do Aquém.

Os que conhecem um Einstein totalmente ego-consciente e ego-dirigente nas suas descobertas, não fazem jus ao homem cosmo-consciente.

A sua ascendência hebréia bem lhe facultava um vasto substrato cosmo-consciente, embora inconsciente. A sua vida, em numerosos casos, o põe na linha dos magos, dos místicos e dos yoguis, embora não queiramos atribuir ao grande matemático nenhuma conotação sobrenatural que estas palavras parecem insinuar.

Longos períodos de voluntária reclusão e silêncio, acompanhados de consciência unipolarizada, faziam parte integrante do processo pelo qual Einstein arrancava ao Universo os seus segredos. O cientista medíocre nada sabe dessa atitude *cosmo-pensada*, confiando apenas nos seus atos ego-pensantes; perde-se no caos das circunstâncias do Verso, sem atingir a substância do Uno; conhece o corpo e ignora a alma do Universo.

O escritor francês André Maurois, no seu livro *Les Illusions*, página 61, conta o seguinte:

"Um portador do Prêmio Nobel de literatura francesa, Saint-John Perse, me contou que, um dia, quando ele estava em Washington, Einstein o chamou a Princeton e pediu que o fosse visitar.

"Tenho uma pergunta a lhe fazer" — disse ele.

Saint-John Perse, naturalmente, foi vê-lo. E eis aqui a pergunta de Einstein: "Como trabalha um poeta? Como lhe vem a idéia de um poema? Como é desenvolvida esta idéia?"

Saint-John Perse lhe descreveu a importância imensa da intuição e do inconsciente. Einstein parecia todo feliz. "Mas a mesma coisa se dá com o cientista — disse ele. O mecanismo do descobrimento não é lógico e intelectual; é uma iluminação súbita, quase um êxtase. Em seguida, é certo, a inteligência analisa e a experimentação confirma a intuição. Além disso, há uma conexão com a imaginação".

Einstein trabalhou a vida inteira na sua "Teoria do Campo Unificado", que tentava provar a unidade e a identidade de todas as energias, gravitação, eletromagnetismo, luz, etc. Mas ele morreu sem ter conseguido demonstrar analiticamente aquilo de que tinha plena certeza intuitiva. Einstein via o Uno do Universo, mas o Universo empírico-analítico não lhe permitia ver através da pluralidade aparente a unidade real do cosmos.

Estava assim confirmado o que o próprio Einstein escrevera: "Do mundo dos fatos não conduz nenhum caminho para o mundo dos valores, porque estes vêm de outra região". Os fatos Verso não favoreciam o valor Uno; o caminho do Uno para o Verso era da razão intuitiva, mas o caminho do Verso para o Uno seria da inteligência analítica — e este caminho é inviável.

Com Einstein principiou a fase da "ciência integral"; ele inclui no conceito de "ciência" não somente a análise intelectual mas também a intuição racional. Infelizmente, a nossa linguagem habitual confunde inteligência com razão. Os antigos pensadores gregos chamavam *nóos* (*nous*) a inteligência, e *lógos* a razão, e Einstein segue a mesma distinção.

Quando o homem tem uma intuição racional, tem ele a impressão de ser invadido por uma força *de fora*, quando, na realidade, experimenta uma *evasão* ou erupção *de dentro* do seu próprio centro cósmico, antes inconsciente, e agora consciente. O que os nossos psicólogos costumam chamar o "inconsciente" — é o cosmo-consciente, que é, geralmente, ego-inconsciente. Quando então essa força cosmo-consciente, mas ego-inconsciente, se torna cosmo-consciente no homem, então ele teve a sua intuição. O homem meramente intelectual tem apenas o que poderíamos chamar "ex-tuição", ao passo que o homem racional tem "in-tuição", a visão de dentro, que parece ser uma invasão de fora. Para que a intuição possa funcionar, a ex-tuição tem de ser reduzida ao mínimo, mesmo a zero.

(In *Einstein — O Enigma do Universo,* São Paulo, Martin Claret Editores, 1992.*)*

# Os Dados de Deus

**Jeremy Bernstein**

Até meados dos anos 1920, Einstein deu contribuições positivas fundamentais para o progresso da teoria quântica, embora, depois de 1925 — quando a teoria, aparentemente, conseguia decisivo avanço nas mãos de Heisenberg, Pauli, Born, Bohr, Dirac, Schroedinger e outros — ele se tenha voltado contra ela. Talvez que uma futura geração de físicos venha a reconhecer que as intuições de Einstein estavam corretas — mas isso, hoje, não parece provável.

A grande obra de Einstein durante os anos 20 diria respei-

"Deus é a Lei e o legislador do Universo."

to à mecânica estatística quântica dos gases, àquilo que atualmente chamamos estatística Bose-Einstein. S. N. Bose, físico hindu que trabalhava em Dacca, enviou a Einstein, em 1924, curto manuscrito em inglês; em junho desse ano o prestigioso *Zeitschrift für Physik* recebia uma comunicação invulgar: um trabalho intitulado "A lei de Planck e a hipótese dos quanta de luz", assinado por Bose, mas apresentado por Einstein. Einstein se havia de tal modo impressionado com a leitura do manuscrito que o traduzira, ele próprio, para o alemão e o enviara à revista, no interesse de Bose.

Bose havia descoberto método de operar estatística quântica e o aplicara para obter uma nova derivação da fórmula de Planck referente à radiação. Einstein percebeu que os mesmos métodos poderiam ver-se aplicados aos gases comuns, mas que assim agir seria dar por implícito que a "partícula" componente desses gases se comportaria, estatisticamente, à semelhança de quanta de luz e, portanto, deveria ou *poderia* — desde que, ao tempo, não se contava com evidência experimental — exibir também características ondulatórias. Efetuava esses cálculos quando recebeu uma cópia da tese de Broglie, onde — por outros motivos — o autor formulava a mesma conjectura e, nas palavras de Einstein, "levantava uma ponta do grande véu". Em 1925, Einstein depositava suficiente confiança no esquema, para sentir-se autorizado a escrever: "Um feixe de moléculas de gás que passe através de um orifício deve, portanto, sofrer difração análoga à de um raio de luz". Que isso realmente acontece foi confirmado por C. J.



Einstein desfrutou de enorme prestígio científico e popular em todo o mundo.

Davisson e L. H. Germer e — independentemente — por G. P. Thomson, em célebres experimentos realizados em 1927. (Esses experimentos utilizaram elétrons, mas o princípio é o mesmo.) Significa isso que não somente a luz é esquizofrênica, apresentando aspectos de partícula e de onda, mas que são igualmente esquizofrênicas "partículas" como o elétron. Em determinadas circunstâncias, os elétrons agem como "ondas", isto é, feixes de elétrons podem interferir entre si, como interferem feixes de ondas de luz.

Em 1925, Erwin Schroedinger e Heisenberg realizaram a grande conquista teórica de que se originou a moderna mecânica quântica. De início, pareceu que cada qual deles houvesse chegado a uma nova teoria, de sorte que existissem duas teorias quânticas distintas. Contudo, Schroedinger logo demonstrou que as duas eram, matematicamente, equivalentes. Chegou ele à equação que descrevia o comportamento das ondas de de Broglie ou — como ele insistia em chamá-la — das "ondas de de Broglie-Einstein". Registrou Schroedinger: "Minha teoria originou-se da tese de de Broglie e de breves, mas sagazes, observações de Einstein". Einstein recebeu com entusiasmo o primeiro trabalho de Schroedinger e escreveu-lhe: "O plano de seu trabalho mostra verdadeiro gênio".

Tanto Einstein como Schroedinger deixaram de aceitar a conquista seguinte, realizada por Born e seu colega Pascual Jordan. Referia-se esse trabalho ao que se supunha que as ondas representassem. A primeira interpretação, que remontava a de Broglie, era a de que, de alguma forma, as ondas orientavam a trajetória das partículas. Tratava-se de um quadro que se apoiava estreitamente em Física clássica. Born e Jordan sustentavam, porém, que ele pecava por incoerência e que a única interpretação possível de dar às ondas era a de que, a partir delas — a partir da fórmula matemática a elas emprestada pela equação de Schroedinger — só cabia calcular o comportamento *provável* das partículas e *nada mais*.

O ponto pode ser ilustrado graficamente pelos quanta de luz. Como vimos, se um raio de luz atravessa pequeno orifício, projeta-se, por causa dos efeitos de interferência, um padrão de difração sobre a tela que se haja colocado do outro lado do orifício. O mesmo experimento pode ser realizado fazendo-se com que os quanta de luz, cada um por sua vez, atravessem o orifício. Cada quantum de luz fará a travessia e atingirá um ponto da tela. Segundo a interpretação Born-Jordan, não se pode predizer o que ocorrerá com um particular quantum de luz, ao atingir ele o orifício. Só se pode enunciar o que é *mais provável* ocorrer — o que é determinado pela função ondulatória de Schroedinger.

Em verdade, segundo a teoria, o quantum de luz atingirá, mais provavelmente, o ponto da tela em que, de acordo com a concepção ondulatória, o padrão de difração é mais brilhante. Isso afasta a esquizofrenia onda-partícula, mas à custa de repelir uma descrição determinista dos eventos físicos. Determinismo estrito, no sentido a que os cientistas se haviam habituado, desde Newton até Einstein, tinha de ser abandonado, e isso Einstein e Schroedinger não puderam aceitar. Como disse Einstein repetidamente: "Deus não joga dados com o mundo".

Os passos seguintes foram dados por Heisenberg e Bohr, no instituto de Bohr, em Copenhague, que Heisenberg visitava e onde se hospedava com freqüência. A principal impulsionadora do trabalho era a idéia de que a dualidade onda-partícula não constituía um traço acidental da Física atômica, mas era um fator básico da natureza, que podia ser feito remontar a uma cuidadosa análise do significado de "medida" em escala atômica — o que Heisenberg expressava em termos de seu "princípio da incerteza". O mais famoso exemplo elementar é o do "microscópio de Heisenberg". Trata-se de um dispositivo imaginário, capaz de gerar quanta de luz de comprimento de onda tão curto que, em princípio, caberia usá-lo para tentar medir as posições dos elétrons nos átomos. Heisenberg sustentava que esses quanta deveriam ser portadores de tal energia que, após cada medida, o elétron seria expulso do átomo — a idéia de uma "órbita" de elétrons era absurda, pois que impossível de medir. Podia-se prever, usando a função de onda de Schroedinger, onde, no átomo, o elétron poderia ser encontrado com mais facilidade — mas só isso e nada mais. Bohr enxergou aí algo de maior profundidade: toda uma visão filosófica nova, que ele denominou "complementariedade" e que lhe pareceu esclarecedora das limitações que pesam sobre o uso dos conceitos, não somente em Física, mas ainda em toda a ciência e filosofia. (Um de seus exemplos favoritos era o do caráter aparentemente complementar da "justiça" e do "amor" na estrutura dos sistemas éticos e morais.)

Desde o início, Einstein repeliu o princípio da incerteza. Como escreveu a Schroedinger, em 1928: "A tranqüilizadora filosofia — ou religião — de Heisenberg-Bohr é tão delicadamente concebida que, por algum tempo, proporciona ao verdadeiro crente um travesseiro agradável que ele não abandona com facilidade. Deixemo-lo, pois, jazer ali". Como se pode imaginar, Einstein não gostava de ver "os verdadeiros crentes" — entre os quais, depois de algum tempo, estava a maioria dos físicos — descansar nos travesseiros. Começou, quase de imediato, a apontar aparentes paradoxos da teoria, aos quais Bohr respondeu um a um, mesmo após a morte de Einstein. Assinalam, com freqüência, as pessoas que conheceram Bohr que era como se, a cada dia, ele recomeçasse a reexaminar, desde o princípio, todos os seus argumentos, em diálogos reais ou imaginários com Einstein, para ter a certeza de que nada havia escapado. Em 1948, Bohr escreveu magistral sumário das discussões mantidas com Einstein ao longo dos anos e concluiu, dizendo: "Fossem nossos encontros breves ou longos, sempre deixaram em meu espírito funda e duradoura impressão e, escrevendo este relato, continuo, por assim dizer, a discutir, todo o tempo, com Einstein, ainda quando me ocupo de tópicos aparentemente muito afastados dos especiais problemas por nós debatidos". Bohr recordou uma das mais importantes dessas discussões, que teve por palco a Conferência Solvav, realizada em Bruxelas, em 1930. Para essa ocasião, Einstein havia concebido um notável dispositivo imaginário, envolvendo relógios e réguas — talvez com base na experiência que tivera, examinando patentes em Berna — dispositivo que parecia violar o princípio da incerteza. Após uma noite em claro, Bohr notou que Einstein havia esquecido de levar em conta o efeito de *sua própria descoberta*, segundo a qual os relógios trabalham mais lentamente quando expostos a um campo gravitacional, mantendo-se ileso o princípio da incerteza.

Todos os princípios envolvidos nesse debate — que se prolongou por quase três décadas — permaneceram intocados até o fim. (Ehrenfest, que conheceu bem os dois homens e testemunhou muitas das discussões, sentia-se atormentado por conflito íntimo, incapaz de decidir com quem estava a razão e isso, concorda-se geralmente, foi um dos motivos que o levaram ao suicídio, em 1933). Max Born sintetizou a posição de muitos físicos, ao escrever a respeito de Einstein, em 1948: "Ele viu, mais claramente que qualquer predecessor, o fundo estatístico das leis físicas e foi um pioneiro na luta pela conquista da indevassada região dos fenômenos quânticos. Não obstante, quando, mais tarde, a partir de sua própria obra, emergiu uma síntese dos princípios estatísticos e quânticos, que pareceu aceitável a quase todos os físicos, ele se manteve afastado e cético. Muitos de nós vemos isso como uma tragédia — para ele, pois tateia seu caminho no isolamento, e para nós, pois que perdemos o orientador e porta-bandeira". Pouco antes de ter escrito esse trecho, Born havia recebido uma carta em que Einstein dizia: "Tornamo-nos antípodas em nossa visão da ciência. Você acredita em um Deus que joga dados, e eu, em leis perfeitas no mundo das coisas que existem como objetos reais, leis que procuro apreender de maneira furiosamente especulativa".

---

*(In As Idéias de Einstein, Cultrix, São Paulo, 1980.)*

# A Visita ao Rio de Janeiro

Rio, 21 de março de 1925. Procedente de Hamburgo e com destino a Buenos Aires, o *Cap Polonio* ainda não tinha atracado no cais do porto quando, ao amanhecer do dia, o primeiro jornalista conseguia aproximar-se de Einstein. Antes havia procurado por ele no convés superior, no grupo das pessoas debruçadas na amurada, os olhos alongados para a cidade; depois no bar e no salão; enfim o persistente jornalista havia tomado a decisão de esperá-lo na porta do salão, por onde o sábio devia passar. E aí deu-se a entrevista.

Com um pesado capote no braço, Einstein tinha um ar apressado, aproximando-se freqüentemente da amurada, como quem espera alguém. Reconhecendo um jornalista no seu interlocutor, Einstein começa o diálogo com uma declaração interessante, já que demonstra a sua familiaridade com os jornais latino-americanos:

"Os senhores da América do Sul têm grandes jornais admiravelmente bem-feitos e com serviços copiosos de informa-

Um visual característico que ficou: cabelos agitados pelo vento e um folgado suéter.

ções, como não há na Europa".

"E, em relação às suas teorias que abriram à ciência moderna horizontes tão vastos, o que me poderia dizer o mestre?"

"Que estou satisfeito com a verificação da verdade de quanto afirmei... Devo, porém, lembrar-lhe que o relativismo não alargou os horizontes da ciência: restringiu-os. Esse é mesmo, a meu ver, o seu mérito maior! A idéia errônea do infinito, que perturbava o espírito dos sábios, desapareceu e, no universo tornado restrito, o âmbito dos nossos estudos ficou portanto circunscrito, limitado, o que quer dizer que a indagação racional de todos os fenômenos se tornou de ora em diante possível..."

"Ou mais fácil."

"Não, possível!"

"Há quem não conceba na teoria da Relatividade o que ela tem de absoluto."

"De absoluto?"

"Quero referir-me à velocidade da luz, que de acordo com a sua genial concepção, é inultrapassável e constante..."

"Mas a velocidade da luz é uma simples medida. É o padrão necessário a todos os cálculos..."

"Mas padrão absoluto..."

"Como todos os padrões!"

"É para nós, brasileiros, motivo de justo desvanecimento haver sido em nosso território que primeiro se averiguasse a justeza da teoria da Relatividade, no Ceará..."

"Em Sobral, no eclipse de 1919... A Real Sociedade Britânica enviou duas missões ao estrangeiro, incumbidas da verificação oficial do fenômeno pré-anunciado por mim. Uma dessas missões estabeleceu-se na ilha de Príncipe, outra em Sobral. As observações levadas a efeito em Sobral foram concludentes. Houve, em todo o caso, quem as pusesse assim mesmo em dúvida, sob a alegação de que apenas sete estrelas haviam sido fotografadas e que, tratando-se de medidas ínfimas, não maiores de alguns centésimos de milímetro, convinha repetir-se a experiência..."

"Tal objeção foi levantada pelo observatório..."

"Pelo observatório de Strasburgo. Em 1922 novo ensejo se apresentou. Das costas da Índia até a Austrália, o eclipse seria visível e a verdade averiguável. A missão norte-americana, instalada em Wallal, na

Austrália, foi favorecida por magníficas condições atmosféricas de visibilidade, e sob a direção do astrônomo Campbell, do observatório de Lick..."

"Fotografou mais de cem estrelas..."

"Cento e dezoito! E todas elas apareceram com desvio previsto... É de notar o cuidado com que foram feitas todas as observações e fotografias..."

"E em relação à geometria de Minkowsky..."

"Nada tenho a ver com isso."

"Mas, se não nos enganamos, as arrojadas hipóteses do matemático..."

"Não são arrojadas. Na teoria da Relatividade não há arrojo algum, a não ser aparente. Tudo é nela simplicidade, clareza..."

"Verdade".

"O senhor o disse. E toda verdade é simples".

"E por quanto tempo pretende o mestre demorar-se na Argentina?"

"Pouco, pois sou forçado a voltar em breve à Alemanha. Na volta verei melhor o Rio de Janeiro, de que me dizem maravilhas. Ao que parece, a beleza da cidade é sem par..."

E, enquanto o *Cap Polonio* começava a atracar no cais do porto, Einstein, estendendo a mão, assim se despedia:

"Há gente que vem receber-me a bordo. Se me desculpa... Tenho que descer à cabine, a preparar-me."

Naturalmente outros jornalistas tinham ido ao navio com o barco das autoridades marítimas; assim, a segunda entrevista deu-se na cabine de Einstein, que recebeu o representante da imprensa "executando ao violino um trecho encantador de música, no luxo de um camarote transformado em biblioteca dos melhores livros dos mais reputados matemáticos." Largando o arco, Einstein traçou com segurança a seguinte saudação endereçada por intermédio do jornalista ao Brasil: "Einen freundlichen Gruss Brasilien bei der Ankunft.

A. Einstein. Rio, 21,III,25." Isto é: "afetuosa saudação ao Brasil na minha chegada".

Logo depois a pergunta clássica: Que é a teoria da Relatividade? A resposta de Einstein, que ocupa quase setenta linhas, é uma magnífica exposição do princípio de relatividade. E não podia ser de outra forma, já que o esperto jornalista reproduziu no seu artigo... metade do quinto capítulo do famoso livrinho, que na edição francesa tem o título *La Théorie da la relativité restreinte et généralisée* e que Einstein escreveu em 1916 e já tinha sido traduzido também em inglês, italiano, espanhol etc. Se não tivéssemos o autógrafo que reproduzimos, duvidaríamos até da onda de homens ilustres que finalmente arrebatou Einstein do seu entrevistador, encaminhandose com ele para a escada de desembarque. Tratava-se, com certeza, da comissão designada pelo Presidente da Academia Brasileira de Ciências, prof. Henrique Morize, e composta dos srs. Daniel Henninger, Ignácio do Amaral, Sodré da Gama, Maurício Joppert, Roberto Marinho e Pantoja Leite.

O cais acolhia numerosos grupos, ali postados desde cedo, não obstante a garoa matutina que ameaçava de quando em quando engrossar e desfazer-se em fortes chuviscos. Acompanhado de um grupo de cientistas conhecidos, dentre os quais os drs. Paulo de Frontin e Aloysio de Castro, Einstein desceu as escadas, sorridentemente, pisando terras brasileiras pela primeira vez. Formou-se-lhe em torno um grupo de pessoas que desejavam apresentar-lhe cumprimentos, sendo acolhidas com discreta amabilidade. Entre outros, podiam-se reconhecer: Augusto Brandão, Adolpho Murtinho, Luiz Betim Paes Leme e o conde Affonso Celso. Nesse instante um terceiro jornalista conseguiu uma pequena declaração sobre sua visita à América do Sul: "Deve-se, disse Einstein, à gentileza de seu colega na Comissão de Cooperação Intelectual da Liga das Nações, dr. Leopoldo Lugones, o ilustre jurisconsulto argentino, que me dirigira há meses, em Genebra, um amável convite, tendo-o aceitado com prazer". Vai, assim, a Buenos Aires, em cuja universidade deve realizar doze conferências filosófico-científicas, abordando em primazia as suas concepções sobre a relatividade do espaço e do tempo. Era sua intenção voltar em seguida à Alemanha, mas teve que modificá-la, prolongando por mais algum tempo essa sua excursão, pois acabava de aceder ao convite dos drs. Paulo de Frontin e Aloysio de Castro para, no Rio, também expor ao público os princípios da sua teoria.

Aqui aprendemos diretamente do próprio Einstein alguma coisa sobre esta sua viagem, que os biógrafos esqueceram ou lembram em duas ou três linhas. O único biógrafo que pretendeu falar algo mais (Ronald W. Clark) supõe, como justificação da viagem, também uma hipotética busca de fundos entre as colônias judaicas da América do Sul, a favor do movimento sionista. Por isso acho interessante informar melhor o leitor sobre este ponto. Como diz o próprio Einstein, a iniciativa de que resultou o convite para visitar a Argentina partiu a princípio do ilustre cidadão portenho dr. Leopoldo Lugones, jornalista e escritor que juntamente com Einstein tinha ido integrar, em julho de 1924, a Comissão de Cooperação Intelectual da Liga das Nações, da qual era membro também Aloysio de Castro. O dr. Lugones, em 1923, encontrava-se na Alemanha, quando Einstein estava sendo vítima naquele país de alguma perseguição em conseqüência de sua atitude durante a guerra e também por sua condição de judeu. O dr. Lugones lançou então a idéia de ser-lhe oferecida uma cátedra na Universidade de Buenos Aires, para evitar que um homem extraordinário viesse algum dia a passar dificuldades. Pouco depois, um núcleo de escritores e professores argentinos aderia à iniciativa de Lugones, fazendo publicar um manifesto. A idéia, porém, continuou abandonada até quando o Centro dos Estudantes de Engenharia renovou-a numa petição ao diretor da Universidade Nacional de Buenos Aires. Por sua vez, o Instituto Cultural Germano-Argentino e a Associação Hebraica saíram em apoio à idéia e declararam que estavam dispostos a cooperar financeiramente para a sua realização. E assim solidificou-se a iniciativa contribuindo com o dinheiro a Universidade e as duas entidades citadas. Einstein, porém, declinou no momento, agradecendo-a efusivamente, alegando suas ocupações que não lhe permitiam viajar. Os promotores desse movimento não desanimaram, entretanto, e pouco depois, com a adesão das universidades de La Plata, Cordoba, Tucuman e do Litoral, reno-

“ O princípio criador reside na matemática; a sua certeza é absoluta, enquanto se trata de matemática abstrata, mas diminui na razão direta de sua concretização. ”

vou-se o trabalho. O próprio governo argentino decidiu contribuir também e se prontificou a socorrer nas despesas de passagens e hospedagem. Finalmente, Einstein aceitou o convite. (Só para se ter uma idéia do interesse argentino é suficiente notar que a Universidade de La Plata, na reunião do seu Conselho Superior de 29 de abril de 1924, já tinha votado a soma de 2.000 pesos para os gastos da viagem de Einstein, convidando a Universidade Nacional de Buenos Aires a associar-se à sua proposta, cujo expediente datava de 1923, para realizar um ciclo de conferências do grande cientista.)

Einstein, depois de visitar alguns pontos da cidade, foi levado até o Jardim Botânico. Aí assinou o álbum de impressões de visitantes, onde escreveu também algumas palavras: “A visita ao Jardim Botânico no Rio de Janeiro sob o acompanhamento do gentil e bondoso prof. dr. Pacheco Leão significou para mim uma das maiores experiências que eu já tive através de impressões exteriores. Gostaria de aqui, mais uma vez, expressar minha gratidão”. Com ele estavam Alfredo Lisboa, o rabino Raffalovich, Isidoro Kohn, Maurício Joppert, Luiz Betim Paes Leme, Sodré da Gama e Adolpho Murtinho. Devo à gentileza do botânico dr. Leonam de Azeredo Penna, que estava presente durante a visita, esta interessante declaração: "Quando da sua visita ao Jardim Botânico, o que mais impressionou a Einstein foram as gavinhas da trepadeira *Passiflora* (maracujá), que a certa altura de sua espiral inverte a direção das circunvoluções. O sábio achou que deve haver uma explicação científica, matemática talvez, para o fenômeno". Estou certo que atualmente há meios matemáticos suficientemente elaborados (teoria das catástrofes, quebra de simetria etc.) para realizar esta intuição de Einstein.

Finalmente, ao meio-dia e um quarto Einstein chegou para almoçar no Copacabana Palace Hotel. À sua comitiva tinha-se juntado Valentim Dunham; Harowitz, secretário dos sionistas; Schwartz, Presidente do Colégio Hebreu; E. Galano, Presidente do Bem Herzel e Assis Chateaubriand. Este último, naquele tempo diretor de *O Jornal*, nos deixou um interessantíssimo artigo, de grande valor e beleza, que é a fonte de todas as declarações de Einstein que aqui reproduzimos.

Falando em alemão e com uma flor silvestre na lapela, Einstein discorria com uma vivacidade e bonomia impressionantes.

*Sobre o Rio*: "Foi uma das maiores emoções da minha vida o panorama que se me deparou esta manhã, da barra da avenida Beira-Mar, e agora o Jardim Botânico, onde o dr. Leão me explicou as diferentes espécies vegetais da natureza tropical, que encontrei no seu horto. É uma natureza única".

*Falando de Portugal*, Einstein diz que em Lisboa impressionou-o a elegância das vendedoras ambulantes de peixe: "São mulheres de uma elegância que me fez parar muitas vezes para admirá-las. No grupo em que eu estava, fotografamo-las e pusemos na nossa mesa de refeição, a bordo, os retratos".

*Sobre Silva Mello*: "Hermann, que é um dos meus melhores amigos, recomendou-me a ele, que foi seu assistente em Berlim. Vi-o a bordo rapidamente, mas estimaria encontrá-lo à minha volta... No meu regres-

so, vamo-nos encontrar os três uma noite, para jantarmos, mas num local solitário, tranqüilo, onde possamos discutir a Europa!"

*Sobre lord Haldane e a aristocracia inglesa*: "Ah, que alto e nobre espírito é Haldane. Conhece-o? Tenho-o entre os meus maiores amigos, porque acho nele um destes modelos de caráter que a nobreza inglesa tem o poder de formar. Unicamente na Inglaterra a nobreza conseguiu elaborar uma série de homens da têmpera de lord Haldane. A aristocracia em nenhum outro país da Europa possui individualidades como tem produzido a Grã-Bretanha. Eu não sou nenhum chauvinista. Tomo de cada um dos países da Europa o que eles têm de melhor, de mais interessante. Na Inglaterra acredito que a nobreza chegou a constituir um caráter, o qual tem contribuído para que o gênio político desse povo possa exercer o seu império sobre as raças diferentes, de hábitos e costumes variados, de todos os continentes".

*Sobre a solidariedade intelectual*: "Felizmente agora estão-se reatando os laços de solidariedade intelectual na Europa. Nós não temos muitos focos de cultura na Europa, para vermos uns destruírem os outros. Há Paris, Londres, Berlim, Viena e alguns na Itália. Mais eles se identifiquem no trabalho comum e tanto mais profícuos serão os seus resultados para o progresso humano".

*Sobre a Europa e a ciência* (a propósito do conceito do químico alemão Haber, que se a ciência européia não mantiver sempre a iniciativa sobre a ciência dos países novos, dentro em breve se assistirá ao crepúsculo da civilização do Velho Mundo): "Não creio que Haber tenha toda a razão. A ciência americana trabalha de modo rápido e intenso e com capacidade de invenção também. Temos que sofrer nós, europeus, a sua concorrência nesse sentido. A Europa guarda ainda o principado das ciências especulativas; mas isto é apenas uma questão de tradição. Amanhã ela poderá perder a iniciativa que possui neste terreno. Veja, como prova disso, que outros continentes já entram a se distinguir nas ciências especulativas. Na Índia há dois físicos que estão fazendo obra notável em física

Aos 75 anos consegue encontrar em Princeton a simplicidade de vida com que sempre sonhara.

teórica, como por exemplo na teoria da radiação. A possibilidade de a Europa manter a sua hegemonia intelectual seria adquirir, não direi uma unidade espiritual, mas econômica e política, possuindo assim mais homogeneidade para preservar a sua mesma estrutura, hoje seriamente ameaçada pela concorrência dos povos jovens de outros continentes, que ela formou, educou e civilizou. Os Estados Unidos da Europa poderiam oferecer maior resistência ao embate das novas correntes dos novos continentes, ou dos velhos que estão ressurgindo, do que a Europa dividida em pequenos Estados que se entredevoram, consumindo-se em lutas estéreis entre si. A história valoriza a Europa, mas é ao mesmo tempo o seu perigo".

*A homogeneidade sacrifica a originalidade*: "Eu reconheço que a homogeneidade traz a monotonia, compromete as reservas de originalidade. Mas a que eu desejaria para a Europa seria uma homogeneidade como a do Império Norte-Americano, restrita à esfera econômica e política. Cada país conservará as peculiaridades, as aptidões nacionais, cultivando ao mesmo tempo o seu regionalismo, o qual contribui tanto para dar a cada povo a sua fisionomia própria, característica e interessante. "Eu não quero a homogeneidade espiritual, porque esta faria o mundo demasiadamente monótono. O que eu estimaria era não ver a Europa fazendo politicamente história com tamanha intensidade".

*Rathenau*: "Nenhum valia Rathenau, a quem aliás só conheci ultimamente. Era uma das criaturas mais perfeitas que já produziu a humanidade. A sua morte foi uma desgraça para a Alemanha e para a Europa".

*Lorentz*: "É um amigo que vejo duas vezes por ano, quando vou à Holanda. É um homem de tal finura de tato que pode exercer o governo sem que ninguém saiba que ele está comandando os indivíduos que lhe obedecem".

*Perrin*: "É um romântico de talento".

*A melodia americana e as danças nacionais* (a orquestra do Copacabana tocara um fox-trot e o prof. Aloysio de Castro lhe perguntara se a febre da dança era ainda muito forte na

Alemanha): "Não costumo freqüentar os 'dancings', por isso não lhe poderia dizer, mas creio que sim. É, porém, lá, como em Paris e Londres, sempre a mesma música. A princípio dançava-se ao som da melodia de Viena. Agora é a melodia da América. A música anda em decadência na Europa. Só os russos produzem coisas novas e interessantes. Em todo o mundo o que se dança hoje é a melodia americana; de sorte que aqui chegando ouço a mesma música que me enchia os ouvidos em Berlim e em Paris. Entretando, as danças nacionais, quanto me interessam! As populações austríacas, que encanto eu encontro nelas e como lamento que estejam desaparecendo! Quando estive na Espanha, fizeram-me ver em Barcelona as danças populares da Catalunha. É uma música especial, característica, de uma cor local pitoresca e extraordinária. Dela conservo uma impressão deliciosa. Que pena é que cada povo não defenda o seu patrimônio de danças e de músicas nacionais!".

*O Japão*: "É um povo difícil de ser entendido por um ocidental. Nós não chegamos a conhecê-lo bem, porque ele procura sempre fechar a sua sensibilidade, mostrando-se impermeável ao sofrimento, às reações do mundo exterior. Creio que este é um processo de defesa individual, peculiar de um país de demasiado densa população. Com a superpopulação nacional explicam-se alguns traços da formação do caráter japonês, sobretudo esta sua aparente impermeabilidade".

De Einstein, Assis Chateaubriand deixou-nos uma descrição notável: "Quantos se achavam sentados com ele à mesa fixavam os dois traços mais fortes de sua personalidade: uma testa alta, excessivamente alta, inteligente, iluminada, e umas mãos brancas de marfim, mãos da mais íntima e suave espiritualidade. Como ninguém ignora, Einstein toca violino; tem uma sensibilidade artística peregrina. Basta, de resto, conversar com ele poucos minutos para ver o artista que ele é, da ponta do pés à raiz dos cabelos. Poucos homens de ciência eu tenho encontrado, malgrado a pobreza cristã das suas roupas, os sapatos quase alpargatas que ele usa, que respirem tamanha poesia, tanta graça espiritual, espontânea, meiga, acolhedora. Ele é daquelas criaturas junto às quais, como dizia Rathenau, a gente experimenta a vizinhança da divindade. Anatole France, quando se dirigiu à Suécia, foi vê-lo em Berlim. E disse: "Einstein é um dos cumes mais altos que produziu a humanidade". Nada de preocupações de nacionalidade, no seu espírito largo. Mais conversamos com ele, mais o sentimos humano. É uma mentalidade ampla, que só compreende os povos congraçados em continentes e unidos pelo trabalho na fraternidade, no amor e no sentimento de justiça. De vez em quando, comentando este ou aquele acontecimento, ele ria e o seu riso era um riso enorme, rabelaisiano, cheio de benevolência e de doçura".

O artigo de Assis Chateaubriand inspirou a Gilberto Freyre algumas considerações que foram publicadas pelo *Diário de Pernambuco*, com o título "Einstein regionalista": "Einstein deu ao seu contato com o Rio uma nota deliciosamente simpática. Homenageado na horrível instituição que é o Copacabana Palace Hotel, falou aí das bananeiras e do sol do Brasil, das varinas de Lisboa, das danças da Catalunha. Tem-se quase a impressão de que ao primeiro sorvo de sopa ou ao primeiro reparo erudito do prof. dr. Aloysio de Castro sobre a teoria da Relatividade ou à primeira pergunta do sr. Assis Chateaubriand sobre o futuro da República alemã, Einstein, pelo menos mentalmente, repetiu Carlos Fradique Mendes: 'Nada de idéias, meus senhores! Nada de idéias! Nada de Ciência ou de Democracia!' E, conversando com o arguto diretor d'*O Jornal*, Einstein que, sendo judeu, não é poliglota; e, sendo matemático, o é plasticamente e sem prejuízo de certa sensualidade da imaginação, falou, com a volúpia de um artista, do sol, das árvores e das velhas ruas do Rio de Janeiro.

"Nunca um estrangeiro fez entre nós uma mais nítida apologia do regionalismo. Esse homem tão universal e tão sem pátria nas suas preocupações, na sua ciência, na sua glória, no seu sangue de judeu, é dos que podiam ser alheios e até hostis às variações regionais da vida; e desejar um mundo igual, plano, geométrico, sem altos e baixos, sem zigue-zagues. Um mundo cinzento. Um mundo em que todos penteassem o cabelo do mesmo modo, comessem pela manhã a mesma sardinha em lata, bebessem o mesmo chocolate suíço, vestissem segundo o mesmo figurino, morassem no mesmo tipo de bangalô, ouvissem à noite o mesmo horrível programa de rádio, jantassem o mesmo jantar à francesa, dançassem o mesmo trot americano e morressem da mesma doença standardizada... Já em Lisboa, o que mais encantara a Einstein fora a elegância das varinas. Deliciosas criaturas que Assis Chateaubriand, não sei por que, em vez de varinas, chama inexpressivamente 'vendedoras ambulantes de peixe'. É como se alguém chamasse um engraxate, dos que mudam de esquina, 'brunidor ambulante de sapatos'. 'São mulheres — disse Einstein, das varinas — que me fizeram parar muitas vezes para admirá-las'. É pena que não tivesse Einstein ido a Coimbra. Porque em Coimbra teria visto as tricanas. As tricanas de Antônio Nobre, meio-mulheres, meio-estudantes, o xale de cor traçado como se fosse capa de estudante, o pote d'água fresca ou o tabuleiro de pastéis de Tentugal à cabeça — descendo e subindo ladeiras e criando ritmos de andar ágil, como não os criam os rapazes da universidade nos seus versos e nas suas trovas. Entretanto, os rapazes de Coimbra vivem a pensar na plástica das Mary Pickford e das Pearl White; conheci vários deles que colecionavam cartões postais com as fotografias de atrizes de cinema. A julgar pelo que disse das varinas, se tivesse vindo ao Recife ou à Bahia, Einstein, como Lafcadio Hearn, na Martinica, teria sentido o requeime da plástica voluptuosa das nossas 'quadroons'. Principalmente se as visse dançar um 'coco'... Se Einstein tem tão agudos os olhos quanto os ouvidos, sentiu, decerto, no Rio, o horror da arquitetura. E, mais ainda do que no Rio, em Buenos Aires. Dizia-me em Oxford um jovem professor, viajadíssimo — uma espécie de 'Don Juan de cidades' concebido pelo sr. Moraes Coutinho — que a arquitetura em Buenos Aires fora o maior desapontamento de suas viagens".

"Abandonei o violino. Com o passar dos anos, tornava-se cada vez mais insuportável ouvir o que eu próprio tocava. (...) O que permaneceu foi a disposição de enfrentar difíceis problemas científicos."

Outros, de grande mérito também, escreveram artigos de cunho científico: Roberto Marinho, Teodoro Ramos e Lélio Gama. Deste último, outro grande cientista brasileiro, que participou da comissão astronômica que, dirigida pelo eminente e inesquecível prof. Henrique Morize, foi a Sobral para observar o eclipse de 1919, só quero mencionar o último trecho do artigo "A teoria de Einstein e os eclipses do sol", que publicou naquele 21 de março de 1925: "Era satisfatório o acordo entre os desvios teoricamente previstos por Einstein e os desvios acusados pelas placas fotográficas. Estava confirmada a teoria da relatividade, e tal foi a sua primeira verificação. O ilustre matemático, de passagem neste momento pela nossa terra, não pôde pois deixar de contemplá-la com profunda simpatia. O Brasil foi um dos berços da sua glória".

E de fato era assim, como nos relata Assis Chateaubriand: "Einstein viu, no exemplar d'*O Jornal* que o prof. Aloysio de Castro lhe deu, a fotografia do eclipse solar de 1919: 'É verdade. Este fato é histórico na existência da teoria da relatividade.

Marca alguma coisa na sua trajetória.' Ao chegar à mesa, perguntei-lhe se queria atestar para os brasileiros a sua gratidão ao nosso céu e ele escreveu esta frase digna de um poeta: 'O problema concebido pelo meu cérebro, incumbiu-se de resolvê-lo o luminoso céu do Brasil'. Passou-me o papel sorrindo, com o seu bom e cândido sorriso de criança. Fui ler o original alemão, na folha branca de papel em que ele escrevera. Estava sem assinatura. Reclamei e Einstein pôs-se a rir de sua distração, tomando então o documento para assiná-lo."

Assis Chateaubriand relata também a conclusão desta primeira visita: "Antes de partir, levaram Einstein ao centro. Ele desceu do automóvel na rua Sete de Setembro, esquina com a avenida, e começou um pequeno passeio a pé. Subiu a rua do Ouvidor até a rua Gonçalves Dias, descendo depois até a rua Sete de Setembro para retomar o automóvel na avenida Rio Branco. Não cessava de elogiar as ruas Gonçalves Dias e Ouvidor, que ele dizia cheias de sombras mais peculiares ao clima tropical do que as largas avenidas. A multidão reconheceu-o e pouco depois era seguido de um grande número de pessoas. O deputado Augusto Lima e Humberto de Campos incorporaram-se ao grupo. Às vezes um admirador mais desenvolto saudava-o, apertando-lhe a mão. Às quinze horas Einstein embarcou. No portaló do *Cap Polonio* um grupo de cearenses aproximou-se para cumprimentá-lo, tendo manifestações de um carinho efusivo, e foi no meio desta abundância de efusões daqueles filhos da Terra da Luz que Einstein desapareceu".

---

(Entrevista para Roberto Vergara Caffarelli, *O Estado de S.Paulo*, Suplemento Cultural, nº 123, 11/3/79)

# BIBLIOGRAFIA


## *Livros*

BERNSTEIN, Jeremy — *As idéias de Einstein.* Trad. Leônidas Hegenberg e Octanny Silveira da Mota. 2ª ed. São Paulo, Cultrix, 1980.

EINSTEIN, Albert — *Notas Autobiográficas.* Trad. Aulyde Soares Rodrigues. 4ª ed. Rio de Janeiro, Nova Fronteira, 1982.

ROHDEN, Huberto — *Einstein — O Enigma do Universo.* 7ª ed. São Paulo, Alvorada, 1989.

SCHENBERG, Mário (org.) — *Albert Einstein — Pensamento Político e Últimas Conclusões.* São Paulo, Brasiliense, 1983. (col. Antologias e Biografias)

THOMAS, Henry & THOMAS, Dana Lee — *Vidas de Grandes Cientistas.* Trad. Lino Vallandro. Porto Alegre, Ed. Globo, 1960.

TRATTNER, Ernest B. — *Arquitetos de Idéias.* Trad. Leonel Vallandro. 7ª ed. Porto Alegre, Ed. Globo, 1957.

## *Periódicos*

*O Correio da Unesco* — "Einstein". Rio de Janeiro, Fundação Getúlio Vargas, ano 7, nº 7, jul. 1979.

*O Estado de S.Paulo*, Suplemento Cultural, ano III, nº 123, 11/3/79.